国家基本职业培训包（指南包 课程包）

电子商务师

（试行）

人力资源和社会保障部职业能力建设司编制

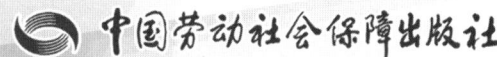

图书在版编目（CIP）数据

电子商务师：试行/人力资源和社会保障部职业能力建设司编制. -- 北京：中国劳动社会保障出版社，2017

（国家基本职业培训包：指南包　课程包）

ISBN 978 - 7 - 5167 - 3312 - 7

Ⅰ.①电… Ⅱ.①人… Ⅲ.①电子商务-职业培训-教学参考资料 Ⅳ.①F713.36

中国版本图书馆 CIP 数据核字（2017）第 286164 号

中国劳动社会保障出版社出版发行

（北京市惠新东街1号　邮政编码：100029）

*

三河市华骏印务包装有限公司印刷装订　新华书店经销

880毫米×1230毫米　16开本　9印张　164千字

2017年11月第1版　2023年9月第5次印刷

定价：28.00元

营销中心电话：400-606-6496

出版社网址：http://www.class.com.cn

版权专有　　侵权必究

如有印装差错，请与本社联系调换：（010）81211666

我社将与版权执法机关配合，大力打击盗印、销售和使用盗版图书活动，敬请广大读者协助举报，经查实将给予举报者奖励。

举报电话：（010）64954652

编 制 说 明

为贯彻落实《中华人民共和国国民经济和社会发展第十三个五年规划纲要》提出的"实行国家基本职业培训包制度"的要求，按照《人力资源和社会保障部办公厅关于推进职业培训包工作的通知》（人社厅发〔2016〕162号）的部署安排，"十三五"期间，组织开发培训需求量大的100个左右国家基本职业培训包，指导开发100个左右地方（行业）特色职业培训包。到"十三五"末，力争全面建立国家基本职业培训包制度，普遍应用职业培训包开展各类职业培训。在征求各地培训需求的基础上，经调研论证，人力资源和社会保障部组织有关行业专家编制了首批中式烹调师等10个职业的国家基本职业培训包。

国家基本职业培训包是集培养目标、培训要求、培训内容、课程规范、考核大纲、教学资源等为一体的职业培训资源总合，是职业培训机构对劳动者开展政府补贴职业培训服务的工作规范和指南，对于加强职业培训规范化、科学化管理，促进职业培训与就业需求有效衔接，推行终身职业培训制度具有积极作用。

此次编制的中式烹调师等10个职业的国家基本职业培训包遵循《职业培训包开发技术规程（试行）》的要求，依据国家职业技能标准或企业岗位技术规范，结合新经济、新产业、新职业发展编制，力求客观反映现阶段本职业（工种）的技术水平、对从业人员的要求和职业培训教学规律。

《国家基本职业培训包（指南包 课程包）——电子商务师（试行）》是在

编制说明

各有关专家的共同努力下完成的。参加编写的主要人员有：沈玉梅、刘巧霞、苏维刚、郝文红、张亚敏、武晓燕、万文兵、聂兵、贾婧文、董春超，参加审定的主要人员有：张枝军、朱丰磊、阚晓初、卢彰诚，在编制过程中得到了邢台技师学院、江苏仪征技师学院、北京市新媒体技师学院、杭州沃土教育科技股份有限公司、浙江商业职业技术学院等有关单位的大力支持，在此一并致谢。

国家基本职业培训包编审委员会

主　任　张立新

副主任　张　斌　王晓君　袁　芳　魏丽君

委　员　王　霄　项声闻　杨　奕　蔡　兵　陈　蕾

　　　　张　伟　赵　欢　吕红文

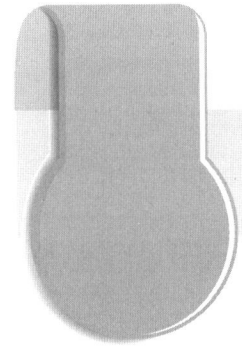

目 录

1 指 南 包

1.1 职业培训包使用指南 …………………………………………………………002
- 1.1.1 职业培训包结构与内容 …………………………………………………002
- 1.1.2 培训课程体系介绍 ………………………………………………………003
- 1.1.3 培训课程选择指导 ………………………………………………………009
- 1.1.4 各类资源使用说明 ………………………………………………………010

1.2 职业指南 ……………………………………………………………………010
- 1.2.1 职业描述 …………………………………………………………………010
- 1.2.2 职业培训对象 ……………………………………………………………010
- 1.2.3 就业前景 …………………………………………………………………010

1.3 培训机构设置指南 …………………………………………………………010
- 1.3.1 师资配备要求 ……………………………………………………………010
- 1.3.2 培训场所设备配置要求 …………………………………………………011
- 1.3.3 教学资料配备要求 ………………………………………………………012
- 1.3.4 管理人员配备要求 ………………………………………………………012
- 1.3.5 管理制度要求 ……………………………………………………………013

2 课 程 包

2.1 培训要求 ……………………………………………………………………016
- 2.1.1 职业基本素质培训要求 …………………………………………………016

I

目录

- 2.1.2 电子商务员（四级）职业技能培训要求 018
- 2.1.3 助理电子商务师（三级）职业技能培训要求 022
- 2.1.4 电子商务师（二级）职业技能培训要求 025

2.2 课程规范 028
- 2.2.1 职业基本素质培训课程规范 028
- 2.2.2 电子商务员（四级）职业技能培训课程规范 045
- 2.2.3 助理电子商务师（三级）职业技能培训课程规范 054
- 2.2.4 电子商务师（二级）职业技能培训课程规范 064
- 2.2.5 培训建议中培训方法说明 072

2.3 考核规范 073
- 2.3.1 职业基本素质培训考核规范 073
- 2.3.2 电子商务员（四级）职业技能培训理论知识考核规范 076
- 2.3.3 电子商务员（四级）职业技能培训操作技能考核规范 077
- 2.3.4 助理电子商务师（三级）职业技能培训理论知识考核规范 079
- 2.3.5 助理电子商务师（三级）职业技能培训操作技能考核规范 080
- 2.3.6 电子商务师（二级）职业技能培训理论知识考核规范 082
- 2.3.7 电子商务师（二级）职业技能培训操作技能考核规范 084

附录　培训要求与课程规范对照表

- 附录1 职业基本素质培训要求与课程规范对照表 086
- 附录2 电子商务员（四级）职业技能培训要求与课程规范对照表 103
- 附录3 助理电子商务师（三级）职业技能培训要求与课程规范对照表 112
- 附录4 电子商务师（二级）职业技能培训要求与课程规范对照表 123

1 指南包

1.1 职业培训包使用指南

1.1.1 职业培训包结构与内容

电子商务师职业培训包由指南包、课程包、资源包三个子包构成，结构如图1所示。

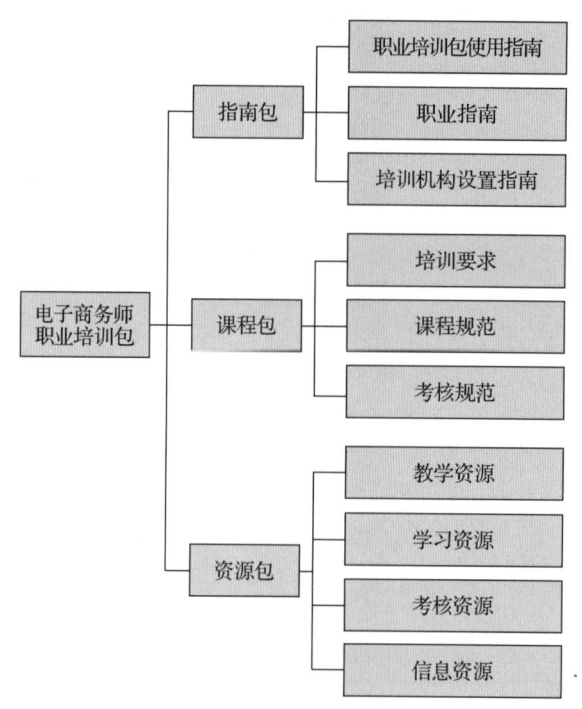

图1　职业培训包结构图

指南包是指导培训机构、培训教师与学员开展职业培训的服务性内容总合，包括职业培训包使用指南、职业指南和培训机构设置指南。职业培训包使用指南是培训教师与学员了解职业培训包内容、选择培训课程、使用培训资源的说明性文本；职业指南是对职业信息的概述；培训机构设置指南是对培训机构开展职业培训提出的具体要求。

课程包是培训机构与教师实施职业培训、培训学员接受职业培训必须遵守的规范总合，包括培训要求、课程规范、考核规范。培训要求是参照国家职业技能标准、结合职业岗位工作实际需求制定的职业培训规范；课程规范是依据培训要求、结合职业培训教学规律，对课程设置、课堂学时、课程内容与培训方法等所做的统一规定；考核规范是针对课程规范中所规定的课程内容开发的，能够科学评价培训学员过程性学习效果与终结性培训成果的规则，是客观衡量培训学员职业基本素质与职业技能水平的标准，也是实施职业培训过程性与终结性考核的依据。

资源包是依据课程包要求，基于培训学员特征，遵循职业培训教学规律，应用先进职业培训课程理念，开发的多媒介、多形式的职业培训与考核资源总合，包括教学资源、学习资源、考核资源和信息资源。教学资源是为培训教师组织实施职业培训教学活动提供的相关资源；学习资源是为培训学员学习职业培训课程提供的相关资源；考核资源是为培训机构和教师实施职业培训考核提供的相关资源；信息资源是为培训教师和学员拓展视野提供的体现科技进步、职业发展的相关动态资源。

1.1.2 培训课程体系介绍

电子商务师职业培训课程体系依据职业技能等级分为职业基本素质培训课程、电子商务员（四级）职业技能培训课程、助理电子商务师（三级）职业技能培训课程和电子商务师（二级）职业技能培训课程，每一类课程包含模块、课程和学习单元三个层级。电子商务师职业培训课程体系均源自本职业培训包课程包中的课程规范，以学习单元为基础，形成职业层次清晰、内容丰富的"培训课程超市"。

电子商务师职业培训课程学时分配一览表

职业技能等级	课堂学时		其他学时	培训总学时
	职业基本素质培训课程	职业技能培训课程		
电子商务员（四级）	70	68	102	240
助理电子商务师（三级）	50	66	84	200
电子商务师（二级）	30	36	134	200

注：课堂学时是指培训机构开展的理论课程教学及实操课程教学的建议最低学时数。除课堂学时外，培训总学时还应包括岗位实习、现场观摩、自学自练等其他学时。

（1）职业基本素质培训课程

模块	课程	学习单元	课堂学时
1. 职业认知与职业道德	1-1 职业认知	（1）职业认知	1
	1-2 职业道德基本知识	（1）道德与职业道德	1
	1-3 职业守则	（1）职业守则	2
2. 计算机基础	2-1 计算机构成和常见故障检修	（1）计算机系统构成	2
		（2）计算机常见故障检修	1

续表

模块	课程	学习单元	课堂学时
2．计算机基础	2-2 计算机软件使用	（1）Windows 的安装与使用	2
		（2）文字处理软件的安装与使用	4
		（3）电子表格软件的安装与使用	7
		（4）幻灯片软件的安装与使用	4
		（5）常用工具软件的安装与使用	2
3．电子商务基础	3-1 电子商务认知	（1）电子商务认知	2
	3-2 电子商务交易模式	（1）电子商务交易模式	2
4．网络营销基础	4-1 网络营销认知	（1）网络营销基本概念	1
	4-2 网络营销环境	（1）网络营销环境	2
	4-3 网络消费者购买行为分析	（1）消费者购买动机	1
		（2）影响消费者购买行为的主要因素	1
		（3）购买决策	1
	4-4 网络营销策略	（1）产品策略	1
		（2）价格策略	1
		（3）渠道策略	2
		（4）促销策略	2
5．物流基础	5-1 物流基本认知	（1）物流的分类、基本特征和功能要素	3
		（2）电子商务与物流	1
	5-2 常用物流信息技术	（1）条码技术	1
		（2）POS 技术	1
		（3）RFID 技术	1
		（4）GPS/GIS 技术	1
6．商品基础知识	6-1 商品的基本认知	（1）商品与商品分类	2
	6-2 商品的质量、标准与检验	（1）商品质量与标准	2
		（2）商品检验	2

续表

模块	课程	学习单元	课堂学时
6．商品基础知识	6-3 商品包装、储存与养护	（1）商品包装	2
		（2）商品储存与养护	2
7．客户服务基础	7-1 客户与客户关系管理	（1）客户认知	1
		（2）客户关系管理	1
	7-2 客户服务与电子商务客户服务	（1）客户服务	1
		（2）电子商务客户服务	1
8．电子支付基础	8-1 电子支付认知	（1）电子支付简介	1
	8-2 常见的电子支付流程	（1）常见的电子支付流程	1
9．电子商务安全基础	9-1 电子商务安全控制	（1）电子商务安全控制	1
	9-2 数据加密技术	（1）数据加密技术	1
	9-3 认证技术	（1）认证技术	1
10．相关法律法规	10-1 相关法律法规知识	（1）相关法律法规知识	1
课堂学时合计			70

注：本表所列为电子商务员（四级）职业基本素质培训课程，其他等级职业基本素质培训课程按"电子商务师职业培训课程学时分配一览表"中相应的课堂学时要求进行必要的调整。

（2）电子商务员（四级）职业技能培训课程

模块	课程	学习单元	课堂学时
1．美工设计	1-1 素材拍摄	（1）素材拍摄	4
	1-2 图片处理	（1）网店素材及制作	4
2．商务信息管理	2-1 商务信息采集	（1）网络商务信息采集	2
		（2）信息传输与下载	2
	2-2 商务信息处理与发布	（1）商务信息整理与更新	2
		（2）网络商务信息发布	2
3．网络营销	3-1 电子邮件推广	（1）编写电子邮件并进行许可营销	2
		（2）利用群发电子邮件进行许可营销	2
	3-2 搜索引擎推广	（1）搜索引擎推广	2

续表

模块	课程	学习单元	课堂学时
3．网络营销	3-3 社会化媒体推广	（1）论坛推广	2
		（2）博客推广	2
		（3）微博推广	2
		（4）即时通信工具推广	2
4．网上交易操作	4-1 购买商品	（1）买家注册和购买商品	4
		（2）网上银行和第三方支付平台的使用	2
	4-2 网店期初设置	（1）注册网店	3
		（2）商品管理	3
	4-3 商品的订单处理	（1）订单处理	2
5．电子商务安全管理	5-1 病毒防范技术	（1）计算机病毒预防与查杀	1
		（2）移动终端安全威胁与防范措施	1
	5-2 数据备份与恢复技术	（1）数据备份与恢复技术	1
	5-3 本地文件加密	（1）本地文件的加密与解密	1
	5-4 数字证书	（1）个人数字证书的申请与使用	2
		（2）服务器证书的安装与使用	2
6．客户服务	6-1 客户服务工作准备	（1）客户服务工作准备	2
	6-2 客户接待与沟通	（1）客户接待与沟通	2
	6-3 售后服务管理	（1）售后服务管理	2
7．物流基本作业	7-1 仓储作业	（1）入库作业	2
		（2）出库作业	2
		（3）商品包装	1
		（4）装卸搬运作业	1
	7-2 快递物流作业	（1）快递物流作业	4
课堂学时合计			68

(3) 助理电子商务师（三级）职业技能培训课程

模块	课程	学习单元	课堂学时
1. 美工设计	1-1 图像处理	(1) 图像处理	4
	1-2 网店装修	(1) 网店装修	4
	1-3 视觉营销	(1) 视觉营销概念	1
		(2) 装修素材视觉营销	1
		(3) 商品素材视觉营销	2
2. 网页制作	2-1 制作静态网页	(1) 制作静态网页	2
	2-2 网页图文混排	(1) 网页图文混排	3
	2-3 网页布局	(1) 网页布局设计	4
	2-4 创建超链接	(1) 网页超链接	2
	2-5 制作动态效果	(1) 网页动态效果	3
3. 网络市场信息管理	3-1 网络市场调查方案设计	(1) 制定网络市场调查方案	3
	3-2 网络市场信息采集	(1) 网络市场信息直接采集	4
		(2) 网络市场信息间接采集	2
	3-3 网络市场信息处理	(1) 分析网络市场调查数据	2
		(2) 撰写网络市场调查报告	2
4. 网络营销	4-1 制订网络推广计划	(1) 制订网络推广计划	2
	4-2 网络推广	(1) 电子邮件广告推广	2
		(2) 搜索引擎关键词推广	2
		(3) 软文推广	2
		(4) 网络广告推广	1
5. 网店优化管理	5-1 分析数据	(1) 运营数据分析	3
	5-2 优化商品信息	(1) 商品信息优化	2
	5-3 优化交易评价	(1) 评价优化	2
6. 客户服务管理	6-1 客户信息管理	(1) 客户信息收集与分析	1
		(2) 客户信息管理	2
	6-2 客户满意度管理	(1) 客户满意度	2
	6-3 客户忠诚度管理	(1) 客户忠诚度	1

续表

模块	课程	学习单元	课堂学时
7．物流管理	7-1 电子商务物流作业管理	(1) 电子商务物流作业管理	1
	7-2 电子商务物流服务管理	(1) 电子商务物流服务管理	1
	7-3 电子商务物流成本管理	(1) 电子商务物流成本管理	1
8．电子商务安全管理	8-1 电子商务安全制度保障	(1) 电子商务安全管理制度	1
	8-2 电子商务交易安全	(1) 电子商务交易中的安全威胁及防范	1
课堂学时合计			66

（4）电子商务师（二级）职业技能培训课程

模块	课程	学习单元	课堂学时
1．电子商务网站规划	1-1 商务网站的认知	(1) 商务网站的分类与网页组成	1
		(2) 商务网站规划原则	1
	1-2 市场调研与用户需求分析	(1) 市场调研与用户需求分析	1
	1-3 商务网站定位与估算	(1) 商务网站定位与估算	1
	1-4 可行性分析	(1) 组织可行性分析	2
		(2) 经济可行性分析	1
	1-5 网站实现方式	(1) 商务网站域名注册	2
		(2) 网站的实现	1
2．商务网站管理与维护	2-1 商务网站维护与更新	(1) 商务网站维护与更新概述	1
		(2) 商务网站域名、服务器、空间维护	1
		(3) 商务网站维护与更新的内容和方法	1

续表

模块	课程	学习单元	课堂学时
2．商务网站管理与维护	2-2 商务网站安全维护	（1）商务网站安全维护概述	1
		（2）商务网站的安全技术	1
3．电子商务运营	3-1 网络采购	（1）网络采购业务认知	2
		（2）网络采购管理	3
	3-2 网络营销	（1）网络营销STP战略	3
		（2）网络营销策略制订	2
		（3）网络营销评估	4
	3-3 客户服务	（1）客户服务考核	1
	3-4 物流信息处理	（1）电子商务物流信息应用	1
4．电子商务财务管理	4-1 电子商务企业启动资金测算	（1）启动资金测算	2
	4-2 电子商务企业资金筹集	（1）资金筹集	1
	4-3 电子商务企业利润预测	（1）利润预测	2
课堂学时合计			36

1.1.3 培训课程选择指导

职业基本素质培训课程为必修课程，相当于本职业的入门课程。各级别职业技能培训课程由培训机构教师根据培训学员实际情况，遵循高级别涵盖低级别的原则进行选择。

原则上，初入职的培训学员应学习职业基本素质培训课程和电子商务员职业技能培训课程的全部内容，有职业技能等级提升需求的培训学员，可按照国家职业技能标准的"鉴定要求"，对照自身需求选择更高等级的培训课程。

具有一定从业经验、无职业技能等级晋升要求的培训学员，可根据自身实际情况自主选择本职业培训课程。具体方法为：（1）选择课程模块；（2）在模块中筛选课程；（3）在课程中筛选学习单元；（4）组合成本次培训的整个课程。

培训教师可以根据以上方法对培训学员进行单独指导。对于订单培训，培训教师可以按照如上方法，对照订单要求进行培训课程的选择。

1.1.4 各类资源使用说明

（待各类资源开发完成后补充。）

1.2 职业指南

1.2.1 职业描述

电子商务师是在互联网及现代信息技术平台上，从事商务活动的人员。

1.2.2 职业培训对象

参加电子商务师职业培训的对象主要包括：城乡未继续升学的应届初高中毕业生、农村转移就业劳动者、城镇登记失业人员、转岗转业人员、退役军人、企业在职职工和高校毕业生等各类有培训需求的人员。

1.2.3 就业前景

电子商务师的工作岗位有：网络推广、网站（店）美工、网络客服、网络运营、网络数据分析、网站规划设计等，并可以视情况在电子商务师职业领域发展成为市场专员、客户管理专员、网站运营经理、网站系统分析及规划师、电子商务项目经理等。

1.3 培训机构设置指南

1.3.1 师资配备要求

（1）培训教师任职基本条件

1）培训电子商务员（四级）、助理电子商务师（三级）的教师应具备本职业电子商务师（二级）及以上职业资格证书、电子商务师（二级）及以上技能等级认证或相关专业中级及以上专业技术职务任职资格。

2）培训电子商务师（二级）的教师应具备本职业高级电子商务师（一级）职业资格证书、高级电子商务师（一级）技能等级认证或相关专业高级专业技术职务任职资格。

3）培训高级电子商务师（一级）的教师应具备本职业高级电子商务师（一级）职业资格证书或高级电子商务师（一级）技能等级认证2年以上或相关专业高级专业技术职务任职资格。

(2) 培训教师数量要求（以30人教学班为基准）

1）理论课教师：1人以上；培训规模超过30人的，按教师与学员之比不低于1∶30配备教师。

2）实习指导教师：1人以上；培训规模超过30人的，按教师与学员之比不低于1∶30配备教师。

1.3.2 培训场所设备配置要求

培训场所设备配置要求如下（以30人培训班为基准）：

(1) 理论知识培训场所设备配置要求：70～80平方米标准教室，多媒体教学设备（计算机、投影仪、幕布或显示屏、网络接入设备、音响设备）、黑板、30套以上桌椅，符合照明、通风、安全等相关规定。

(2) 操作技能培训场所设备配置要求：配备30台以上计算机的网络教室。具体设备配置如下：

1）服务器配置

类别	名称	细目	规　格
硬件	服务器	CPU	Intel 酷睿 i7 处理器
		硬盘	2 TB
		内存	8 GB
		显卡	4 GB 独显
		DVD-ROM	16 倍速
		网卡	10 Mbps/100 Mbps（和局域网环境相关）
软件		操作系统	Windows server 2003	中文版，加 Service Pack 2，安装 IIS（包括 FTP 服务）
		数据库	SQL Server 2005	中文标准版，安装全文检索功能

2）学生机配置

类别	名称	细目	规　　格
硬件	计算机	CPU	Intel 酷睿 i5 处理器
		硬盘	1 TB 及以上
		内存	8 GB
		显卡	4 GB 独显
		网卡	10 Mbps/100 Mbps
软件	操作系统	Windows 7	旗舰版
	浏览器	Internet Explore	中文版 8.0 以上，安装 Flash 5 插件
	教学要求	Outlook Express	中文版 6.0
		Dreamweaver	Cs5
		PhotoShop	Cs5
		360 安全卫士	最新版本
		WinZIP	8.0 版本

1.3.3　教学资料配备要求

（1）培训规范：《电子商务师国家职业标准》《电子商务师职业基本素质培训要求》《电子商务师职业技能培训要求》《电子商务师职业基本素质培训课程规范》《电子商务师职业技能培训课程规范》《电子商务师职业基本素质培训考核规范》《电子商务师职业技能培训理论知识考核规范》《电子商务师职业技能培训操作技能考核规范》。

（2）教学资源：教材教辅、网络资源等内容必须符合"（1）培训规范"。

1.3.4　管理人员配备要求

（1）专职校长：1人，应具有大专及以上文化程度、中级及以上专业技术职务任职资格，从事职业技术教育及教学管理5年以上，熟悉职业培训的有关法律法规。

（2）教学管理人员：1人以上，专职不少于1人；应具有大专及以上文化程度、中级及以上专业技术职务任职资格，从事职业技术教育及教学管理5年以上，具有丰富的教学管理经验。

（3）办公室人员：1人以上，应具有大专及以上文化程度。

（4）财务管理人员：2人，应具有大专及以上文化程度。

1.3.5 管理制度要求

应建立健全完备的管理制度，包括办学章程与发展规划、教学管理、教师管理、学员管理、财务管理、设备管理等制度。

2 课程包

2.1 培训要求

2.1.1 职业基本素质培训要求

职业基本素质模块	培训内容	培训细目
1. 职业认知与职业道德	1-1 职业认知	(1) 电子商务师职业认知 (2) 电子商务师就业方向和就业前景
	1-2 职业道德基本知识	(1) "四德"建设的主要内容 (2) 社会主义核心价值观 (3) 职业道德修养
	1-3 职业守则	(1) 电子商务师职业守则
2. 计算机基础	2-1 计算机构成和常见故障检修	(1) 计算机硬件系统的构成 (2) 计算机软件系统的构成 (3) 计算机常见故障产生原因 (4) 计算机故障常见检修方法
	2-2 计算机软件使用	(1) Windows 的安装与使用 (2) 文字处理软件的安装与使用 (3) 电子表格软件的安装与使用 (4) 幻灯片软件的安装与使用 (5) 浏览器的安装与使用 (6) 压缩软件的安装与使用
3. 电子商务基础	3-1 电子商务认知	(1) 电子商务的含义 (2) 电子商务与传统商务的比较 (3) 电子商务的环境
	3-2 电子商务交易模式	(1) B2B 电子商务模式 (2) B2C 电子商务模式 (3) C2C 电子商务模式
4. 网络营销基础	4-1 网络营销认知	(1) 网络营销基本定义 (2) 网络营销的特点 (3) 网络营销的层次 (4) 网络营销的基本功能 (5) 全面深入理解网络营销

续表

职业基本素质模块	培训内容	培训细目
4．网络营销基础	4-2 网络营销环境	(1) 网络营销宏观环境 (2) 网络营销微观环境
	4-3 网络消费者购买行为分析	(1) 消费者购买动机 (2) 影响消费者购买行为的主要因素 (3) 购买行为决策
	4-4 网络营销策略	(1) 网络营销产品策略 (2) 网络营销价格策略 (3) 网络营销渠道策略 (4) 网络营销促销策略
5．物流基础	5-1 物流基本认知	(1) 物流的概念、分类 (2) 物流的基本特征和功能要素 (3) 电子商务与物流的关系 (4) 电子商务环境下的物流模式
	5-2 常用物流信息技术	(1) 条码技术的特点 (2) 二维条码在电子商务中的应用 (3) POS 技术的特点和应用 (4) RFID 技术的特点和应用 (5) GPS/GIS 技术的特点和应用
6．商品基础知识	6-1 商品的基本认知	(1) 商品的概念 (2) 商品的基本属性 (3) 商品分类
	6-2 商品的质量、标准与检验	(1) 商品质量的含义和基本要求 (2) 影响商品质量的因素 (3) 商品标准的分类、级别 (4) 商品标准化的含义和形式 (5) 商品检验的依据、内容、类别 (6) 商品检验的方法 (7) 商品品级 (8) 商品质量认证 (9) 伪劣商品及识别
	6-3 商品包装、储存与养护	(1) 商品包装的作用、分类 (2) 商品包装标志 (3) 商品储存与养护
7．客户服务基础	7-1 客户与客户关系管理	(1) 客户概念 (2) 客户细分 (3) 客户价值 (4) 客户关系管理的内涵、主要内容及作用

续表

职业基本素质模块	培训内容	培训细目
7. 客户服务基础	7-2 客户服务与电子商务客户服务	(1) 客户服务的含义、作用与基本要求 (2) 电子商务客户服务分类 (3) 电子商务客户服务的内容 (4) 电子商务客户服务工具
8. 电子支付基础	8-1 电子支付认知	(1) 电子支付的概念 (2) 电子支付的发展现状 (3) 电子支付方式
	8-2 常见的电子支付流程	(1) 网上银行支付流程 (2) 第三方支付流程
9. 电子商务安全基础	9-1 电子商务安全控制	(1) 电子商务的安全需求 (2) 保障电子商务安全交易的技术标准
	9-2 数据加密技术	(1) 数据加密 (2) 对称密钥加密 (3) 非对称密钥加密 (4) 对称密钥加密和非对称密钥加密综合保密系统
	9-3 认证技术	(1) 身份认证的主要方法 (2) 身份认证的技术 (3) 认证中心
10. 相关法律法规	10-1 相关法律法规知识	(1)《中华人民共和国电子商务法》相关知识 (2)《中华人民共和国广告法》相关知识 (3)《中华人民共和国消费者权益保护法》相关知识 (4)《中华人民共和国合同法》相关知识 (5)《中华人民共和国电子签名法》相关知识

2.1.2 电子商务员（四级）职业技能培训要求

职业功能	培训内容	技能目标	培训细目
1. 美工设计	1-1 素材拍摄	1-1-1 能设置摄影器材的参数	(1) 能使用摄影器材进行拍摄
		1-1-2 能根据商品特性进行构图与拍摄	(1) 素材拍摄技巧

续表

职业功能	培训内容	技能目标	培训细目
1. 美工设计	1-2 图片处理	1-2-1 能制作网店常用素材	(1) 制作网店装修素材 (2) 制作网店商品素材
2. 商务信息管理	2-1 商务信息采集	2-1-1 能采集网络商务信息	(1) 搜索引擎信息采集 (2) 特定网站信息采集 (3) 社交网络信息采集 (4) 电子邮件信息采集
		2-1-2 能对网络信息进行传输与下载	(1) 信息传输 (2) 信息下载
	2-2 商务信息处理与发布	2-2-1 能对网络信息进行初步整理与存储	(1) 信息的分类整理 (2) 信息的存储
		2-2-2 能更新维护商务信息	(1) 更新商务信息
		2-2-3 能利用多种渠道在网络上发布商务信息	(1) 利用网站发布信息 (2) 利用电子邮件发布信息 (3) 利用社交平台发布信息
3. 网络营销	3-1 电子邮件推广	3-1-1 能利用电子邮件进行推广	(1) 注册电子邮件 (2) 编制许可营销电子邮件 (3) 发送许可营销电子邮件
		3-1-2 能利用群发工具进行电子邮件群发	(1) 电子邮件群发工具选择 (2) 电子邮件地址资源收集 (3) 群发电子邮件
	3-2 搜索引擎推广	3-2-1 能利用搜索引擎进行推广	(1) 搜索引擎登录 (2) 常用搜索引擎工具的选择 (3) 搜索引擎营销方式选择
	3-3 社会化媒体推广	3-3-1 能利用论坛进行推广	(1) 论坛选择与注册 (2) 论坛发帖与回复 (3) 论坛推广技巧
		3-3-2 能利用博客进行推广	(1) 博客平台选择与注册 (2) 编写博客 (3) 博客维护与更新 (4) 博客推广技巧
		3-3-3 能运用微博进行推广	(1) 微博注册 (2) 编写微博 (3) 转发与互动 (4) 申请认证 (5) 微博推广技巧

续表

职业功能	培训内容	技能目标	培训细目
3．网络营销	3-3 社会化媒体推广	3-3-4 能利用即时通信工具进行推广	（1）即时通信工具选择与下载 （2）即时通信工具注册与登录 （3）查找并加入客户群 （4）发起话题互动 （5）即时通信工具推广技巧
4．网上交易操作	4-1 购买商品	4-1-1 能填写买家注册信息	（1）B2B、B2C、C2C网站的买家注册
		4-1-2 能进行网上商品选购	（1）B2B、B2C、C2C网站商品选购、下订单、查看和查询订单
		4-1-3 能进行电子支付	（1）网上银行电子支付 （2）第三方电子支付
	4-2 网店期初设置	4-2-1 能注册卖家店铺	（1）卖家店铺的注册 （2）卖家店铺期初设置
		4-2-2 能上传商品	（1）商品的添加及其信息上传
	4-3 商品的订单处理	4-3-1 能审核和确认订单	（1）订单的审核和确认
		4-3-2 能进行订单合并	（1）订单的合并
		4-3-3 能对订单进行发货处理	（1）订单的发货
5．电子商务安全管理	5-1 病毒防范技术	5-1-1 能进行病毒预防及查杀	（1）病毒防范 （2）杀毒软件的安装及使用 （3）杀毒软件、病毒库的更新
		5-1-2 能防范移动终端的安全威胁	（1）移动终端安全防范 （2）移动商务管理安全防范
	5-2 数据备份与恢复技术	5-2-1 能使用数据备份软件进行数据备份与恢复	（1）数据备份软件安装 （2）数据备份 （3）数据恢复
	5-3 本地文件加密	5-3-1 能进行本地文件的加密与解密	（1）Word文件加密与解密 （2）Excel文件加密与解密 （3）压缩文件加密与解密 （4）Windows文件夹加密与解密

续表

职业功能	培训内容	技能目标	培训细目
5．电子商务安全管理	5-4 数字证书	5-4-1 能申请及使用个人数字证书	(1) 个人数字证书的申请 (2) 个人数字证书的查看 (3) 个人数字证书的导入、导出
		5-4-2 能安装及使用服务器证书	(1) 安装证书服务组件 (2) 向证书服务器申请证书 (3) 备份和还原证书 (4) 吊销证书
6．客户服务	6-1 客户服务工作准备	6-1-1 能完成客户服务的准备工作	(1) 客户服务岗位素质准备 (2) 客户服务岗位心态准备 (3) 客户服务岗位专业知识准备
	6-2 客户接待与沟通	6-2-1 能按照客户服务流程进行客户服务	(1) 迎接问好 (2) 产品推荐 (3) 疑问解答 (4) 促成订单 (5) 订单确认 (6) 礼貌告别
	6-3 售后服务管理	6-3-1 能进行售后服务管理	(1) 查单、查件 (2) 退、换货处理 (3) 投诉处理 (4) 评价统计 (5) 应用短信、电话、邮件和即时通信工具进行客户关怀
7．物流基本作业	7-1 仓储作业	7-1-1 能进行入库作业	(1) 入库准备 (2) 入库作业
		7-1-2 能进行出库作业	(1) 出库准备 (2) 出库作业
		7-1-3 能进行商品打包	(1) 商品包装
		7-1-4 能对装卸搬运作业进行管理	(1) 装卸搬运作业
	7-2 快递物流作业	7-2-1 能进行快递物流作业	(1) 网点作业 (2) 分拨中心作业 (3) 运输作业

2.1.3 助理电子商务师（三级）职业技能培训要求

职业功能	培训内容	技能目标	培训细目
1. 美工设计	1-1 图像处理	1-1-1 能对图片进行校色、调色	（1）图片的校色、调色
		1-1-2 能进行图像合成及特效制作	（1）图像特效制作
	1-2 网店装修	1-2-1 能根据商品特色选择模板进行配色	（1）网店模板选择
		1-2-2 能将素材上传到网店相应位置	（1）网店装修素材上传
		1-2-3 能对网店进行个性化设置	（1）网店个性化设置
	1-3 视觉营销	1-3-1 能利用视觉营销手段对网店进行优化	（1）视觉营销认知 （2）网店装修的视觉营销 （3）主图的视觉营销优化 （4）详情页的视觉营销优化
2. 网页制作	2-1 制作静态网页	2-1-1 能使用HIML制作静态网页	（1）使用HTML制作静态网页 （2）新建站点和网页
	2-2 网页图文混排	2-2-1 能输入并编辑文本	（1）网页文本及其格式设置
		2-2-2 能插入外部图片	（1）图片及其属性设置
		2-2-3 能制作简单的图文混排页面	（1）页面图文混排
	2-3 网页布局	2-3-1 能使用表格进行页面布局	（1）表格布局 （2）层布局 （3）框架布局
		2-3-2 能使用层进行页面布局	
		2-3-3 能使用框架进行页面布局	
	2-4 创建超链接	2-4-1 能对文本设置超链接	（1）设置文字超链接

续表

职业功能	培训内容	技能目标	培训细目
2．网页制作	2-4 创建超链接	2-4-2 能对图片设置超链接	(1) 设置图片及热区超链接
		2-4-3 能设置除文本、图片外的其他超链接	(1) 设置电子邮件超链接 (2) 设置锚记超链接
	2-5 制作动态效果	2-5-1 能插入多媒体元素	(1) 插入音频、视频 (2) 设置音频、视频
		2-5-2 能制作简单动态效果	(1) 利用行为面板制作动态效果 (2) 制作滚动公告
3．网络市场信息管理	3-1 网络市场调查方案设计	3-1-1 能根据调查目标设计调查方案	(1) 网络市场调查方案设计 (2) 网络市场调查方案撰写
	3-2 网络市场信息采集	3-2-1 能采集网络市场信息	(1) 网络市场信息直接采集 (2) 网络市场信息间接采集
	3-3 网络市场信息处理	3-3-1 能分析网络市场调查数据	(1) 网络市场调查数据处理 (2) 网络市场调查数据分析
		3-3-2 能撰写市场调查报告	(1) 网络市场调查报告撰写
4．网络营销	4-1 制订网络推广计划	4-1-1 能制订网络推广计划	(1) 网络推广计划制订 (2) 网络推广计划撰写
	4-2 网络推广	4-2-1 能运用电子邮件广告进行网络推广	(1) 电子邮件广告设计 (2) 电子邮件广告发布
		4-2-2 能利用关键词在搜索引擎中进行网络推广	(1) 搜索引擎关键词优化 (2) 搜索引擎关键词竞价
		4-2-3 能利用软文进行网络推广	(1) 软文写作 (2) 软文发布
		4-2-4 能运用网络广告进行网络推广	(1) 网络广告类型选择 (2) 网络广告付费形式选择 (3) 网络广告创意设计与投放

续表

职业功能	培训内容	技能目标	培训细目
5．网店优化管理	5-1 分析数据	5-1-1 能使用常用数据分析工具	（1）常用数据分析工具的使用
		5-1-2 能识别常用数据	（1）常用分析数据的识别
		5-1-3 能对商品信息进行数据分析	（1）商品信息数据分析
	5-2 优化商品信息	5-2-1 能优化标题	（1）标题优化
		5-2-2 能优化价格	（1）价格优化
	5-3 优化交易评价	5-3-1 能分析单品评价	（1）单品评价分析
		5-3-2 能分析动态评价	（1）动态评价分析
		5-3-3 能优化评价	（1）评价优化
6．客户服务管理	6-1 客户信息管理	6-1-1 能收集与管理客户信息	（1）客户数据收集 （2）客户信息分析 （3）客户分类 （4）客户关怀与营销
	6-2 客户满意度管理	6-2-1 能进行客户满意度管理	（1）客户满意度的衡量 （2）提升客户满意度
	6-3 客户忠诚度管理	6-3-1 能进行客户忠诚度管理	（1）客户忠诚度的评价 （2）提升客户忠诚度
7．物流管理	7-1 电子商务物流作业管理	7-1-1 能进行电子商务物流作业管理	（1）仓储管理 （2）配送管理 （3）物流信息管理
	7-2 电子商务物流服务管理	7-2-1 能进行电子商务物流服务管理	（1）电子商务物流服务认知 （2）电子商务物流服务管理
	7-3 电子商务物流成本管理	7-3-1 能进行电子商务物流成本管理	（1）电子商务物流成本核算 （2）电子商务物流成本管理

续表

职业功能	培训内容	技能目标	培训细目
8．电子商务安全管理	8-1 电子商务安全制度保障	8-1-1 能应用电子商务安全管理制度进行安全管理	(1) 制订电子商务系统管理制度 (2) 制订病毒防范制度
	8-2 电子商务交易安全	8-2-1 能防范电子商务交易中的安全威胁	(1) 电子商务交易中安全威胁防范

2.1.4 电子商务师（二级）职业技能培训要求

职业功能	培训内容	技能目标	培训细目
1．电子商务网站规划	1-1 商务网站的认知	1-1-1 能识别商务网站类型	(1) 商务网站类型识别
		1-1-2 能分析商务网站内容	(1) 分析商务网站内容
		1-1-3 能进行商务网站的初步规划	(1) 商务网站初步规划
	1-2 市场调研与用户需求分析	1-2-1 能对目标客户进行调研并分析	(1) 客户行为分析 (2) 重点客户发现
		1-2-2 能对竞争对手进行调查并分析	(1) 确认竞争对手 (2) 研究竞争对手
		1-2-3 能对竞争市场进行分析	(1) 竞争性市场分析
		1-2-4 能撰写商务网站用户需求分析报告	(1) 用户需求调研与分析 (2) 用户需求分析报告撰写
	1-3 商务网站定位与估算	1-3-1 能确定商务网站的定位并估算容量	(1) 网站主题的确定 (2) 确定商务网站的目标 (3) 对商务网站的容量进行估算
	1-4 可行性分析	1-4-1 能对商务网站建设的人员和流程进度进行规划	(1) 电子商务网站人员规划 (2) 电子商务网站建设进度预估

续表

职业功能	培训内容	技能目标	培训细目
1. 电子商务网站规划	1-4 可行性分析	1-4-2 能对商务网站建设的成本和收益进行预算	(1) 电子商务网站成本分析 (2) 电子商务网站收益分析
	1-5 网站实现方式	1-5-1 能进行域名注册	(1) 域名的选择 (2) 域名的注册
		1-5-2 能根据实际情况合理选择网站实现方式	(1) 开发方式的选择 (2) 商务网站空间与环境的选择 (3) 网站部署与发布
2. 商务网站管理与维护	2-1 商务网站维护与更新	2-1-1 能进行网站标准化维护	(1) 商务网站维护与更新的服务模式 (2) 商务网站域名解析、绑定 (3) 商务网站服务器及空间维护 (4) 商务网站页面维护 (5) 商务网站后台数据和程序维护 (6) 商务网站后期技术支持
	2-2 商务网站安全维护	2-2-1 能识别商务网站的缺陷	(1) 识别商务网站技术结构的缺陷 (2) 识别商务网站产业结构的缺陷 (3) 识别商务网站管理结构的缺陷
		2-2-2 能识别商务网站所面临的安全性威胁	(1) 识别商务网站安全威胁的来源 (2) 识别商务网站安全威胁的方式
		2-2-3 能应对商务网站的安全性威胁	(1) 制订信息安全的策略 (2) 应对恶意攻击威胁 (3) 应对数据泄密的威胁 (4) 应对信息篡改的威胁
		2-2-4 能使用保障商务网站安全的技术	(1) 能使用数据加密技术 (2) 能使用防火墙技术 (3) 能使用数字签名与认证技术

续表

职业功能	培训内容	技能目标	培训细目
3. 电子商务运营	3-1 网络采购	3-1-1 能制订网络采购业务流程	(1) 网络采购业务认知 (2) 制订网络采购业务流程
		3-1-2 能实施网络采购	(1) 电子合同审定 (2) 供应商选择与管理
	3-2 网络营销	3-2-1 能制订网络营销战略	(1) 网络市场细分 (2) 网络目标市场选择 (3) 网络市场定位
		3-2-2 能制订网络营销策略	(1) 4C理论分析 (2) 制订4C营销策略
		3-2-3 能对网络营销进行评估	(1) 选择网络营销评估方法 (2) 撰写网络营销评估报告
	3-3 客户服务	3-3-1 能进行客户服务考核	(1) 制定客户服务标准 (2) 客户服务考核评估
	3-4 物流信息处理	3-4-1 能利用物流信息优化配送方案	(1) 电子商务物流配送方案分析 (2) 利用物流信息优化配送方案
4. 电子商务财务管理	4-1 电子商务企业启动资金测算	4-1-1 能进行电子商务企业启动资金预测	(1) 电子商务企业启动资金预测
		4-1-2 能编写电子商务企业投资计划表	(1) 编写电子商务企业投资计划表
	4-2 电子商务企业资金筹集	4-2-1 能根据自身需求确定筹资渠道	(1) 电子商务企业筹资渠道选择 (2) 电子商务企业投资回报计算
	4-3 电子商务企业利润预测	4-3-1 能预测电子商务企业利润	(1) 电子商务企业利润预测
		4-3-2 能编写电子商务企业利润预测表	(1) 编写电子商务企业利润预测表

2.2 课程规范

2.2.1 职业基本素质培训课程规范

模块	课程	学习单元	课程内容	培训建议	课堂学时
1. 职业认知与职业道德	1-1 职业认知	(1) 职业认知	1) 电子商务师职业认知 2) 电子商务师就业方向 3) 电子商务师就业前景	(1) 方法：讲授法 (2) 重点：电子商务师职业认知 (3) 难点：电子商务师的就业方向和就业前景	1
	1-2 职业道德基本知识	(1) 道德与职业道德	1) 道德 ①道德的含义 ②公民道德规范 ③社会主义核心价值观 2) 职业道德 ①职业道德的概念 ②各行业共同的职业道德 ③服务态度、服务质量、职业道德三者的关系 ④加强职业道德修养	(1) 方法：讲授法、案例教学法 (2) 重点与难点：电子商务师职业道德养成	1
	1-3 职业守则	(1) 职业守则	1) 忠于职守、坚持原则 2) 兢兢业业、吃苦耐劳 3) 谦虚谨慎、办事公道 4) 遵纪守法、廉洁奉公 5) 恪守信用、严守机密 6) 实事求是、工作认真 7) 刻苦学习、勇于创新 8) 钻研业务、敬业爱岗	(1) 方法：讲授法、案例教学法 (2) 重点与难点：电子商务师的职业守则	2

续表

模块	课程	学习单元	课程内容	培训建议	课堂学时
2．计算机基础	2-1 计算机构成和常见故障检修	（1）计算机系统构成	1）主机 ①CPU ②主板 ③内存储器 2）外围设备 ①外存储器 ②输入设备 ③输出设备 3）系统软件简介 ①操作系统 ②语言处理系统 ③数据库管理系统 4）应用软件简介 ①办公软件 ②图像处理软件 ③其他应用软件	（1）方法：讲授法、演示法、实训法 （2）重点：计算机软件系统的构成 （3）难点：计算机硬件系统的构成	2
		（2）计算机常见故障检修	1）计算机常见故障产生原因 2）计算机故障常见检修方法 ①清洁法 ②插拔法 ③替换法 ④比较检测法 ⑤振动敲击法	（1）方法：讲授法、演示法 （2）重点：计算机常见故障产生原因 （3）难点：计算机故障常见检修方法	1
	2-2 计算机软件使用	（1）Windows的安装与使用	1）Windows的安装 ①Windows安装前的准备 ②Windows的安装步骤 2）Windows的使用 ①Windows的窗口界面 ②Windows的系统设置 ③Windows的基本操作	（1）方法：讲授法、演示法、实训法 （2）重点与难点：Windows的使用	2

续表

模块	课程	学习单元	课程内容	培训建议	课堂学时
2.计算机基础	2-2 计算机软件使用	(2)文字处理软件的安装与使用	1)文字处理软件的安装 2)文字处理软件的基本操作 ①文字处理软件的启动 ②文字处理软件窗口的组成 ③文本的录入与编辑 ④文档的保存 ⑤文字处理软件的退出 3)文档的编排与设置 ①字符格式的设置 ②段落格式的设置 ③文档页面的设置 4)表格的创建与编辑 ①创建表格 ②编辑表格 5)插入并设置对象 ①插入对象 ②设置对象	(1)方法：讲授法、演示法、实训法 (2)重点：文档的编排与设置 (3)难点：插入对象的处理	4
		(3)电子表格软件的安装与使用	1)电子表格软件的安装 2)电子表格软件的基本操作 ①电子表格软件的启动 ②电子表格软件窗口的组成 ③工作簿的保存 ④电子表格软件的退出 3)工作表的编辑 ①输入数据 ②编辑单元格 ③编辑工作表 ④格式化工作表 ⑤设置单元格的行高和列宽	(1)方法：讲授法、演示法、实训法 (2)重点：工作表的编辑 (3)难点：公式与函数的使用、数据管理	7

续表

模块	课程	学习单元	课程内容	培训建议	课堂学时
2.计算机基础	2-2 计算机软件使用	(3) 电子表格软件的安装与使用	4) 公式与函数的使用 ①公式的使用 ②函数的使用 ③常用函数介绍		
			5) 数据的管理 ①数据排序 ②数据筛选 ③数据的分类汇总		
			6) 图表的使用 ①图表的创建 ②图表的编辑 ③图表的格式化		
		(4) 幻灯片软件的安装与使用	1) 幻灯片软件的安装	(1) 方法：讲授法、演示法、实训法 (2) 重点：幻灯片的编辑 (3) 难点：幻灯片的修饰	4
			2) 幻灯片软件的基本操作 ①幻灯片软件的启动 ②幻灯片软件窗口的组成 ③幻灯片的保存 ④幻灯片软件的退出		
			3) 幻灯片的编辑 ①文本处理 ②图形处理 ③表格处理 ④图表和组织结构图处理 ⑤多媒体处理 ⑥设置超链接		
			4) 幻灯片的修饰 ①幻灯片模版 ②幻灯片的配色方案 ③幻灯片母版		
			5) 幻灯片的切换效果和动画效果 ①设置幻灯片的切换效果 ②设置动画效果		
			6) 幻灯片放映		

课程包

续表

模块	课程	学习单元	课程内容	培训建议	课堂学时
2．计算机基础	2-2 计算机软件使用	（5）常用工具软件的安装与使用	1）浏览器的安装	（1）方法：讲授法、演示法、实训法 （2）重点与难点：浏览器、压缩软件的使用	2
			2）浏览器的使用 ①浏览网页内容 ②搜索并保存网页内容 ③管理收藏夹与历史记录 ④浏览器常见选项设置		
			3）压缩软件的安装		
			4）压缩软件的使用 ①压缩文件 ②解压文件		
3．电子商务基础	3-1 电子商务认知	（1）电子商务认知	1）电子商务的含义	（1）方法：讲授法、案例教学法 （2）重点：电子商务的含义 （3）难点：电子商务与传统商务的比较	2
			2）电子商务与传统商务的比较		
			3）电子商务的环境 ①社会环境 ②法规政策环境 ③技术条件环境		
	3-2 电子商务交易模式	（1）电子商务交易模式	1）B2B 电子商务模式	（1）方法：讲授法、案例教学法 （2）重点：B2C 电子商务模式 （3）难点：B2B 电子商务模式	2
			2）B2C 电子商务模式		
			3）C2C 电子商务模式		
			4）其他电子商务交易模式		
4．网络营销基础	4-1 网络营销认知	（1）网络营销基本概念	1）网络营销的定义	（1）方法：讲授法、案例教学法 （2）重点：网络营销的特点和基本功能 （3）难点：全面深入理解网络营销	1
			2）网络营销的特点		
			3）网络营销的层次		

续表

模块	课程	学习单元	课程内容	培训建议	课堂学时
4. 网络营销基础	4-1 网络营销认知	（1）网络营销基本概念	4）网络营销的基本功能 ①建立网络品牌 ②推广企业网站 ③促进销售		
			5）全面深入理解网络营销 ①网络营销是手段而不是目的 ②网络营销不是孤立存在的 ③网络营销不等于网上销售 ④网络营销不等于电子商务 ⑤网络营销不仅限于网上		
	4-2 网络营销环境	（1）网络营销环境	1）网络营销的宏观环境 ①人口环境 ②政治和法律环境 ③经济环境 ④科技环境 ⑤社会文化环境 ⑥自然环境	（1）方法：讲授法、案例教学法 （2）重点与难点：网络营销的宏观、微观环境	2
			2）网络营销的微观环境 ①企业内部 ②竞争者状况 ③供应商 ④营销中介机构 ⑤顾客 ⑥社会公众		
	4-3 网络消费者购买行为分析	（1）消费者购买动机	1）消费者购买动机的形成	（1）方法：讲授法、案例教学法 （2）重点：消费者购买动机的分类 （3）难点：消费者购买动机的形成	1
			2）消费者购买动机的分类 ①生理性购买动机 ②心理性购买动机 ③社会化购买动机		

续表

模块	课程	学习单元	课程内容	培训建议	课堂学时
4. 网络营销基础	4-3 网络消费者购买行为分析	(2) 影响消费者购买行为的主要因素	1) 文化因素 ①社会文化 ②亚文化 ③社会阶层 2) 社会因素 ①参照群体 ②家庭 3) 个人因素 ①年龄和生命周期阶段 ②经济状况 ③生活方式 ④个性及自我观念 4) 心理因素 ①动机 ②知觉 ③学习 ④信念和态度	(1) 方法：讲授法、案例教学法 (2) 重点：影响消费者购买行为的个人因素 (3) 难点：影响消费者购买行为的心理因素	1
		(3) 购买决策	1) 购买行为的类型 ①按消费者购买目的选定程度划分 ②按消费者购买态度和要求划分 ③按消费者购买情感反应划分 2) 购买行为过程	(1) 方法：讲授法、案例教学法 (2) 重点与难点：购买行为的实现	1
	4-4 网络营销策略	(1) 产品策略	1) 网络营销产品概念 ①产品的整体含义 ②产品的分类 ③产品的选择 2) 产品组合策略 ①扩充产品组合策略 ②缩减产品组合策略 ③产品延伸策略 3) 品牌与商标策略 ①品牌策略 ②商标策略	(1) 方法：讲授法、案例教学法、演示法 (2) 重点：产品的选择 (3) 难点：产品组合策略	1

续表

模块	课程	学习单元	课程内容	培训建议	课堂学时
4．网络营销基础	4-4 网络营销策略	(2) 价格策略	1）企业定价目标 ①以维持企业生存为目标 ②以保持和提高市场占有率为目标 ③以获取理想利润为目标 ④以抑制竞争为目标 ⑤以树立企业形象为目标	（1）方法：讲授法、案例教学法、演示法 （2）重点：定价方法 （3）难点：定价策略	1
			2）定价方法 ①成本导向定价法 ②需求导向定价法 ③竞争导向定价法		
			3）定价策略 ①新产品定价策略 ②阶段定价策略 ③折扣价格策略 ④心理定价策略 ⑤相关商品价格策略		
		(3) 渠道策略	1）分销渠道的概念 ①分销渠道的含义 ②分销渠道的功能	（1）方法：讲授法、案例教学法 （2）重点：分销渠道的概念 （3）难点：分销渠道的模式	2
			2）分销渠道参与者 ①生产商 ②中间商 ③消费者		
			3）影响分销渠道的因素 ①市场因素 ②产品因素 ③企业因素 ④中间商因素 ⑤竞争者因素 ⑥环境因素		

续表

模块	课程	学习单元	课程内容	培训建议	课堂学时
4．网络营销基础	4-4 网络营销策略	（3）渠道策略	4）分销渠道的模式 ①垂直分销渠道模式 ②水平分销渠道模式 ③多渠道分销模式		
		（4）促销策略	1）促销的概念及作用 ①促销的概念 ②促销的作用	（1）方法：讲授法、案例教学法 （2）重点：促销组合的影响因素 （3）难点：促销的基本策略	2
			2）促销组合的概念及影响因素 ①促销组合的概念 ②影响促销组合的因素		
			3）促销的基本策略 ①推式策略 ②拉式策略		
5．物流基础	5-1 物流基本认知	（1）物流的分类、基本特征和功能要素	1）物流的概念 ①物流的含义 ②传统物流与现代物流的区别 ③物流的现状与发展趋势	（1）方法：讲授法、演示法、案例教学法 （2）重点：物流的基本特征 （3）难点：物流的功能要素	3
			2）物流的分类 ①按照物流作用分类 ②按物流活动空间范围分类 ③按物流系统性质分类 ④按执行者的不同分类		
			3）物流的基本特征 ①物流过程一体化 ②物流技术专业化 ③物流管理信息化 ④物流服务社会化 ⑤物流活动国际化		

续表

模块	课程	学习单元	课程内容	培训建议	课堂学时
5．物流基础	5-1 物流基本认知	（1）物流的分类、基本特征和功能要素	4）物流的功能要素 ①运输 ②仓储 ③装卸搬运 ④包装 ⑤流通加工 ⑥配送 ⑦物流信息		
		（2）电子商务与物流	1）电子商务与物流的关系	（1）方法：讲授法、演示法、案例教学法 （2）重点与难点：电子商务环境下的物流模式	1
			2）电子商务环境下的物流模式 ①自营物流 ②第三方物流 ③物流联盟		
	5-2 常用物流信息技术	（1）条码技术	1）条码技术简介 ①条码的含义 ②条码技术的含义 ③条码的类型	（1）方法：讲授法、演示法、实训法 （2）重点：条码技术简介 （3）难点：二维条码在电子商务中的应用	1
			2）条码技术的特点 ①一维码的特点 ②二维码的特点		
			3）二维条码在电子商务中的应用 ①电子折扣券 ②电子有价券 ③电子凭证 ④电子回执		
		（2）POS技术	1）POS技术简介 ①POS的概念 ②POS系统的组成	（1）方法：讲授法、实训法 （2）重点：POS技术简介 （3）难点：POS技术特点	1

续表

模块	课程	学习单元	课程内容	培训建议	课堂学时
5. 物流基础	5-2 常用物流信息技术	(2) POS 技术	2) POS 技术特点 ①数据量少、速度低、实时性要求高 ②覆盖面广、应用广泛 ③传输质量高 ④保密性、安全性高 3) POS 技术的应用 ①采购环节 ②仓库环节 ③零售环节 ④财务环节		
		(3) RFID 技术	1) RFID 技术简介 ① RFID 的含义 ② RFID 的工作原理 2) RFID 的特点 3) RFID 在物流中的应用 ①生产环节 ②运输环节 ③仓储环节 ④配送环节 ⑤零售环节	(1) 方法：讲授法、实训法 (2) 重点：RFID 技术简介 (3) 难点：RFID 在物流中的应用	1
		(4) GPS/GIS 技术	1) GPS/GIS 技术简介 ① GPS 含义和工作原理 ② GIS 含义和工作原理 2) GPS/GIS 技术特点 3) GPS/GIS 技术在物流中的应用	(1) 方法：讲授法、实训法 (2) 重点：GPS/GIS 技术简介 (3) 难点：GPS/GIS 技术在物流中的应用	1
6. 商品基础知识	6-1 商品的基本认知	(1) 商品与商品分类	1) 商品的概念 ①商品的含义 ②商品的构成 ③商品的特点	(1) 方法：讲授法、案例教学法 (2) 重点与难点：商品分类	2

续表

模块	课程	学习单元	课程内容	培训建议	课堂学时
6. 商品基础知识	6-1 商品的基本认知	（1）商品与商品分类	2）商品的基本属性 ①商品的价值 ②商品的使用价值		
			3）商品分类 ①商品分类的类目层次 ②商品分类的原则 ③常用的商品分类标志 ④商品目录 ⑤商品编码		
	6-2 商品的质量、标准与检验	（1）商品质量与标准	1）质量和商品质量的含义 ①质量的含义 ②商品质量的含义	（1）方法：讲授法、演示法、案例教学法 （2）重点：影响商品质量的因素 （3）难点：商品标准的级别	2
			2）影响商品质量的因素 ①原材料 ②生产工艺 ③流通过程 ④使用过程		
			3）常见商品的质量要求 ①食品质量的要求 ②纺织品质量的要求 ③日用工业品质量的要求		
			4）商品标准的含义和分类 ①商品标准的含义 ②商品标准的分类		
			5）商品标准的级别 ①国家标准 ②行业标准 ③地方标准 ④企业标准		
			6）商品标准化的含义和形式 ①商品标准化的含义 ②商品标准化的形式		

续表

模块	课程	学习单元	课程内容	培训建议	课堂学时
6．商品基础知识	6-2 商品的质量、标准与检验	（2）商品检验	1）商品检验的概念 ①商品检验的含义 ②商品检验的依据 ③商品检验的内容 ④商品检验的类别 2）商品检验的方法 ①感官检验法 ②理化检验法 3）商品品级 ①商品品级的含义 ②商品品级划分原则 ③商品分级方法 4）商品质量认证 ①商品质量认证的含义 ②商品质量认证的作用 ③商品质量认证的分类 ④常见商品质量认证标志 5）伪劣商品及识别 ①伪劣商品的含义 ②伪劣商品的特征 ③伪劣商品的识别	（1）方法：讲授法、演示法、案例教学法 （2）重点：商品品级 （3）难点：伪劣商品的识别	2
	6-3 商品包装、储存与养护	（1）商品包装	1）商品包装的概念 ①商品包装的含义 ②商品包装的作用 2）商品包装的分类 ①按包装在流通中的作用分类 ②按包装所用材料分类 3）商品包装标志 ①运输包装标志 ②销售包装标志	（1）方法：讲授法、演示法、案例教学法 （2）重点：商品包装的概念和分类 （3）难点：商品包装标志	2

续表

模块	课程	学习单元	课程内容	培训建议	课堂学时
6．商品基础知识	6-3 商品包装、储存与养护	（2）商品储存与养护	1）商品储存 ①商品储存的含义 ②影响商品质量变化的因素 ③储存商品的质量变化 2）商品养护 ①商品养护的含义 ②商品的养护技术	（1）方法：讲授法、演示法、案例教学法 （2）重点与难点：商品的养护技术	2
7．客户服务基础	7-1 客户与客户关系管理	（1）客户认知	1）客户概念 ①客户的含义 ②顾客与客户的共性和区别 2）客户细分 ①根据客户与企业的关系划分 ②根据客户对企业的价值划分 ③根据客户的忠诚程度划分 ④根据客户提供价值的能力划分 3）客户价值 ①客户价值的含义 ②客户价值分析的意义 ③客户让渡价值 ④客户终身价值	（1）方法：讲授法、案例教学法 （2）重点：客户细分 （3）难点：客户价值	1
		（2）客户关系管理	1）客户关系管理的内涵 2）客户关系管理的主要内容 ①选择客户 ②获取客户 ③客户保持 ④客户价值扩展	（1）方法：讲授法、案例教学法 （2）重点：客户关系管理的内涵与主要内容 （3）难点：客户关系管理的作用	1

续表

模块	课程	学习单元	课程内容	培训建议	课堂学时
7. 客户服务基础	7-1 客户与客户关系管理	（2）客户关系管理	3）客户关系管理作用 ①降低销售和服务成本 ②实现信息共享 ③提高收益水平 ④提高客户的满意度与忠诚度		
	7-2 客户服务与电子商务客户服务	（1）客户服务	1）客户服务的含义与作用 ①客户服务的含义 ②客户服务的作用	（1）方法：讲授法、案例教学法 （2）重点：客户服务的含义 （3）难点：客户服务的基本要求	1
			2）客户服务的基本要求 ①客户服务的基本原则 ②客户服务标准		
		（2）电子商务客户服务	1）电子商务客户服务的概念 ①电子商务客户服务含义 ②电子商务客户服务的意义	（1）方法：讲授法、案例教学法、演示法、讨论法 （2）重点：电子商务客户服务的内容 （3）难点：电子商务客户服务工具	1
			2）电子商务客户服务分类 ①按形式划分 ②按业务职能划分		
			3）电子商务客户服务的内容 ①协助客户注册 ②进行在线调查 ③网络销售 ④解决交易问题 ⑤客户论坛维护 ⑥接受在线投诉		

续表

模块	课程	学习单元	课程内容	培训建议	课堂学时
7. 客户服务基础	7-2 客户服务与电子商务客户服务	(2) 电子商务客户服务	4) 电子商务客户服务工具 ①电话 ②电子邮件 ③在线表单 ④电子商务平台客服沟通工具 ⑤问答系统 ⑥网络社区		
8. 电子支付基础	8-1 电子支付认知	(1) 电子支付简介	1) 电子支付的概念 ①电子支付的含义 ②电子支付的特点 ③电子支付的分类	(1) 方法：讲授法、案例教学法 (2) 重点：电子支付的概念 (3) 难点：电子支付方式	1
			2) 电子支付的发展现状		
			3) 电子支付方式 ①网银支付 ②第三方支付		
	8-2 常见的电子支付流程	(1) 常见的电子支付流程	1) 网上银行支付流程	(1) 方法：讲授法、演示法、实训法 (2) 重点与难点：网上银行支付流程、第三方支付流程	1
			2) 第三方支付流程		
9. 电子商务安全基础	9-1 电子商务安全控制	(1) 电子商务安全控制	1) 电子商务的安全需求 ①信息的保密性 ②交易各方身份的确定性 ③交易的不可否认性 ④交易内容的完整性 ⑤访问控制	(1) 方法：讲授法 (2) 重点：电子商务的安全需求 (3) 难点：保障电子商务安全交易的技术标准	1
			2) 保障电子商务安全交易的技术标准 ①安全电子交易协议 ②安全超文本传输协议 ③安全交易技术协议 ④安全套阶层协议		

续表

模块	课程	学习单元	课程内容	培训建议	课堂学时
9. 电子商务安全基础	9-2 数据加密技术	（1）数据加密技术	1）数据加密 ①数据加密的意义 ②数据加密的过程 2）对称密钥加密 ①对称密钥加密的含义 ②对称密钥加密的特点 3）非对称密钥加密 ①非对称密钥加密的含义 ②非对称密钥加密的特点 4）对称密钥加密和非对称密钥加密综合保密系统	（1）方法：讲授法、案例教学法 （2）重点：对称密钥加密和非对称密钥加密的含义及特点 （3）难点：对称密钥加密和非对称密钥加密综合保密系统	1
	9-3 认证技术	（1）认证技术	1）身份认证的主要方法 2）身份认证技术 ①数字摘要 ②数字签名 ③数字信封 ④数字时间戳 ⑤数字证书 3）认证中心 ①认证中心含义 ②认证中心提供的服务	（1）方法：讲授法、案例教学法 （2）重点：身份认证的主要方法和身份认证技术 （3）难点：身份认证技术	1
10. 相关法律法规	10-1 相关法律法规知识	（1）相关法律法规知识	1）《中华人民共和国电子商务法》 ①电子商务的经营主体 ②电子商务交易与服务 ③电子商务交易保障 2）《中华人民共和国广告法》 ①广告内容准则 ②广告行为规范	（1）方法：讲授法、案例教学法 （2）重点与难点：电子商务相关法律知识的理解与掌握	1

续表

模块	课程	学习单元	课程内容	培训建议	课堂学时
10. 相关法律法规	10-1 相关法律法规知识	（1）相关法律法规知识	3）《中华人民共和国消费者权益保护法》 ①消费者的权益 ②经营者的义务		
			4）《中华人民共和国合同法》 ①合同的订立 ②合同的履行 ③合同的权利义务终止		
			5）《中华人民共和国电子签名法》 ①数据电文 ②电子签名与认证		
课堂学时合计					70

2.2.2 电子商务员（四级）职业技能培训课程规范

模块	课程	学习单元	课程内容	培训建议	课堂学时
1. 美工设计	1-1 素材拍摄	（1）素材拍摄	1）摄影器材的使用 ①拍摄器材的使用 ②辅助器材的使用	（1）方法：讲授法、演练法、实训法 （2）重点与难点：摄影器材和辅助摄影器材的使用	4
			2）商品特性挖掘		
			3）商品构图要素		
			4）商品构图主要形式		
			5）拍摄过程中光的运用		
	1-2 图片处理	（1）网店素材及制作	1）网店装修素材 ①网店店标 ②网店店招 ③网店轮播图	（1）方法：讲授法、演练法、实训法 （2）重点与难点：网店素材制作	4

续表

模块	课程	学习单元	课程内容	培训建议	课堂学时
1. 美工设计	1-2 图片处理	(1) 网店素材及制作	2) 网店商品素材 ①商品主图 ②详情页		
			3) 网店素材制作 ①常用图片处理工具 ②网店素材制作方法		
2. 商务信息管理	2-1 商务信息采集	(1) 网络商务信息采集	1) 网络商务信息基础 ①网络商务信息基本概念 ②网络商务信息采集基本要求	(1) 方法：讲授法、演示法、实训法 (2) 重点与难点：常用网络商务信息采集	2
			2) 常用网络商务信息采集 ①搜索引擎信息采集 ②特定网站信息采集 ③社交网络信息采集 ④电子邮件信息采集		
		(2) 信息传输与下载	1) 常用下载工具的使用	(1) 方法：讲授法、演示法、实训法 (2) 重点与难点：利用即时通信工具传输与下载文件	2
			2) FTP 文件传输		
			3) 利用即时通信工具传输与下载文件		
	2-2 商务信息处理与发布	(1) 商务信息整理与更新	1) 信息存储介质选择	(1) 方法：讲授法、演示法、实训法 (2) 重点与难点：商务信息更新	2
			2) 商务信息分类存储		
			3) 商务信息定期更新		
		(2) 网络商务信息发布	1) 利用网站发布信息	(1) 方法：讲授法、演示法、实训法 (2) 重点与难点：利用社交平台发布信息	2
			2) 利用电子邮件发布信息		
			3) 利用社交平台发布信息		

续表

模块	课程	学习单元	课程内容	培训建议	课堂学时
3．网络营销	3-1 电子邮件推广	（1）编写电子邮件并进行许可营销	1）注册电子邮件 2）许可营销电子邮件格式 3）电子邮件许可营销步骤 4）许可营销电子邮件操作应注意的问题	（1）方法：讲授法、实训法 （2）重点与难点：许可营销电子邮件编写	2
		（2）利用群发电子邮件进行许可营销	1）电子邮件群发工具选择 2）电子邮件资源的收集 3）群发电子邮件 ①电子邮件群发的步骤 ②电子邮件群发应注意的问题	（1）方法：讲授法、实训法 （2）重点与难点：电子邮件群发的步骤	2
	3-2 搜索引擎推广	（1）搜索引擎推广	1）搜索引擎登录 2）搜索引擎的工作原理 3）常用搜索引擎工具的选择 ①全文搜索引擎 ②分类目录搜索引擎 ③元搜索引擎 4）搜索引擎营销目标和方式 ①搜索引擎营销目标 ②搜索引擎营销方式选择	（1）方法：讲授法、实训法 （2）重点：搜索引擎登录 （3）难点：搜索引擎营销方式选择	2

续表

模块	课程	学习单元	课程内容	培训建议	课堂学时
3.网络营销	3-3 社会化媒体推广	(1) 论坛推广	1) 论坛注册与推广工作内容 ①筛选人气论坛 ②注册与登录论坛 ③论坛个性签名设计 ④编写推广内容 ⑤发帖 ⑥查看与回复 2) 论坛推广技巧	(1) 方法：讲授法、演示法 (2) 重点：论坛注册与推广工作内容 (3) 难点：论坛推广技巧	2
		(2) 博客推广	1) 博客注册与推广工作内容 ①博客平台选择 ②博客注册与登录 ③博客定位 ④编写博客内容 ⑤博客更新与维护 2) 博客推广技巧	(1) 方法：讲授法、实训法 (2) 重点：博客注册与推广工作内容 (3) 难点：博客推广技巧	2
		(3) 微博推广	1) 微博注册 2) 微博推广工作内容 ①设置标签 ②主动关注别人 ③编写微博内容 ④转发与互动 ⑤申请认证 3) 微博推广技巧	(1) 方法：讲授法、实训法 (2) 重点：微博注册与推广工作内容 (3) 难点：微博推广技巧	2
		(4) 即时通信工具推广	1) 即时通信工具注册与推广工作内容 ①即时通信工具选择与下载 ②即时通信工具注册与登录 ③即时通信工具设置 ④查找并加入客户群 ⑤发起话题互动 2) 即时通信工具推广技巧	(1) 方法：讲授法、实训法 (2) 重点：即时通信工具注册与推广工作内容 (3) 难点：即时通信工具推广技巧	2

续表

模块	课程	学习单元	课程内容	培训建议	课堂学时
4. 网上交易操作	4-1 购买商品	（1）买家注册和购买商品	1）登录B2B、B2C、C2C网上购物网站主页进行买家注册与登录 2）利用搜索功能在B2B、B2C、C2C网站上查找需要的商品 3）选择购买店家 4）比较并选定所需商品 5）下订单 6）查看、查询订单	（1）方法：实训法、角色扮演法、演示法 （2）重点：正确填写注册信息 （3）难点：正确下订单	4
		（2）网上银行和第三方支付平台的使用	1）网上银行和第三方支付平台的注册 2）网上银行和第三方支付平台的登录及查看 3）使用网上银行和第三方支付平台进行支付	（1）方法：实训法、角色扮演法、演示法 （2）重点与难点：使用网上银行和第三方支付平台进行支付	2
	4-2 网店期初设置	（1）注册网店	1）卖家注册 2）准确选择网店模板 3）上传店铺标志 4）铺放轮播图	（1）方法：演示法、实训法 （2）重点与难点：网上店铺的注册	3
		（2）商品管理	1）添加商品标题 ①标题的重要性 ②标题的组成 ③不能出现在标题中的词语 2）上传商品首图 3）上传商品详情信息 4）完成商品上传	（1）方法：演示法、实训法 （2）重点与难点：商品的上传	3

续表

模块	课程	学习单元	课程内容	培训建议	课堂学时
4.网上交易操作	4-3 商品的订单处理	（1）订单处理	1）审核、复审订单 2）确定相同地址的订单是否需要合并 3）确认需合并的订单并做合并操作 4）发货处理	（1）方法：演示法、实训法 （2）重点：订单的处理 （3）难点：订单的合并	2
5.电子商务安全管理	5-1 病毒防范技术	（1）计算机病毒预防与查杀	1）病毒防范措施 ①电子商务中常见病毒 ②病毒防范常用措施 2）杀毒软件安装、使用及更新	（1）方法：讲授法、演示法、实训法 （2）重点与难点：使用杀毒软件查杀病毒	1
		（2）移动终端安全威胁与防范措施	1）移动终端面临的安全威胁 2）移动商务管理面临的安全威胁 3）移动终端安全防范	（1）方法：讲授法、演示法、实训法 （2）重点与难点：移动终端安全防范	1
	5-2 数据备份与恢复技术	（1）数据备份与恢复技术	1）数据备份软件简介 2）数据备份软件的安装 3）数据备份软件的使用	（1）方法：讲授法、演示法、实训法 （2）重点与难点：数据备份软件的使用	1
	5-3 本地文件加密	（1）本地文件的加密与解密	1）Word 文件加密与解密 2）Excel 文件加密与解密 3）压缩文件加密与解密 4）Windows 文件夹加密与解密	（1）方法：讲授法、演示法、实训法 （2）重点与难点：本地文件的加密	1

续表

模块	课程	学习单元	课程内容	培训建议	课堂学时
5．电子商务安全管理	5-4 数字证书	（1）个人数字证书的申请与使用	1）数字证书的概念 2）数字证书的功能 3）个人数字证书的申请与使用 ①数字证书的申请 ②数字证书的查看 ③数字证书的导入、导出	（1）方法：讲授法、演示法、实训法 （2）重点与难点：个人数字证书的使用	2
		（2）服务器证书的安装与使用	1）服务器证书服务组件的安装 2）向证书服务器申请证书 3）备份和还原证书 4）吊销证书	（1）方法：讲授法、演示法、实训法 （2）重点与难点：服务器证书的使用	2
6．客户服务	6-1 客户服务工作准备	（1）客户服务工作准备	1）客户服务岗位认知 2）客户服务职业规范 3）客户服务心态准备 4）客户服务岗位知识准备 ①电子商务平台规则 ②产品知识	（1）方法：讲授法、案例教学法 （2）重点与难点：客户服务售前知识、能力准备	2
	6-2 客户接待与沟通	（1）客户接待与沟通	1）迎接问好 ①响应及时 ②积极热情 ③言语适当 2）产品推荐 ①了解需求 ②场景营销 ③费比（FAB）法则 ④关联销售	（1）方法：讲授法、案例教学法、演示法 （2）重点与难点：客户接待与销售服务的流程	2

续表

模块	课程	学习单元	课程内容	培训建议	课堂学时
6．客户服务	6-2 客户接待与沟通	（1）客户接待与沟通	3）疑问解答 ①价格问题 ②质量问题 ③物流问题 ④售后问题		
			4）促成订单 ①促成交易的技巧 ②催付的原因与方式		
			5）订单确认 ①地址确认 ②产品信息确认		
			6）礼貌告别 ①提醒签收注意事项 ②提醒售后解决方式 ③正面评价引导 ④感谢顾客、礼貌告别		
	6-3 售后服务管理	（1）售后服务管理	1）售后服务的重要性 ①提升顾客满意度 ②提升复购率 ③提升好评率	（1）方法：讲授法、案例教学法、演示法 （2）重点：售后服务管理内容 （3）难点：客户投诉处理技巧	2
			2）售后服务管理内容 ①查单、查件 ②退、换货处理 ③产品售后服务 ④评价统计		
			3）投诉处理 ①投诉处理流程 ②投诉处理要点 ③投诉处理禁忌		
			4）客户关怀的重要性		
			5）关怀内容 ①售后关怀 ②情感关怀 ③节日关怀 ④促销推送		

续表

模块	课程	学习单元	课程内容	培训建议	课堂学时
6. 客户服务	6-3 售后服务管理	(1) 售后服务管理	6) 关怀形式 ①短信关怀 ②电话关怀 ③邮件关怀 ④即时通信工具关怀		
7. 物流基本作业	7-1 仓储作业	(1) 入库作业	1) 入库准备 ①入库作业的流程 ②影响入库作业的因素 ③入库作业的原则 ④入库作业常见的问题 ⑤编写入库作业计划 2) 入库作业 ①入库验收 ②编写货号 ③入库登记 ④货位分配 ⑤入库上架	(1) 方法：讲授法、演示法、实训法 (2) 重点与难点：入库作业	2
		(2) 出库作业	1) 出库准备 ①出库作业的要求 ②出库作业常见问题 2) 出库作业 ①订单审核 ②出库信息处理 ③拣货 ④发货检查 ⑤装车 ⑥发货	(1) 方法：讲授法、演示法、实训法 (2) 重点与难点：出库作业	2
		(3) 商品包装	1) 商品包装的功能 2) 常用的包装材料 3) 商品包装的要求 4) 常用的包装方法	(1) 方法：讲授法、演示法、实训法 (2) 重点与难点：商品包装的要求	1

续表

模块	课程	学习单元	课程内容	培训建议	课堂学时
7. 物流基本作业	7-1 仓储作业	(4) 装卸搬运作业	1) 装卸搬运作业要求 2) 装卸搬运的原则 3) 装卸搬运作业的注意事项	(1) 方法：讲授法、演示法、实训法 (2) 重点：装卸搬运作业要求 (3) 难点：装卸搬运作业的注意事项	1
	7-2 快递物流作业	(1) 快递物流作业	1) 网点作业 ①网点业务操作 ②网点加盟管理 2) 分拨中心作业 ①分拨中心分拣作业 ②分拨中心扫描作业 ③分拨中心其他作业 3) 运输作业 ①运输作业分类及对运输品的要求 ②公路运输的操作及异常情况处理 ③航空物流的操作及异常情况处理	(1) 方法：讲授法、演示法、实训法 (2) 重点与难点：分拨中心作业	4
课堂学时合计					68

2.2.3 助理电子商务师（三级）职业技能培训课程规范

模块	课程	学习单元	课程内容	培训建议	课堂学时
1. 美工设计	1-1 图像处理	(1) 图像处理	1) 色彩相关知识 2) 图片校色、调色操作 3) 根据商品属性进行校色与调色 4) 抠图操作 5) 图像合成操作 6) 其他特效制作	(1) 方法：讲授法、演示法、实训法 (2) 重点：图片校色、调色操作 (3) 难点：图像特效制作	4

续表

模块	课程	学习单元	课程内容	培训建议	课堂学时
1．美工设计	1-2 网店装修	（1）网店装修	1）网店模板选择与配色 2）网店素材上传及设置 ①网店店标上传 ②网店店招上传 ③网店轮播图上传 ④网店页头设置 ⑤页面设置 3）网店个性化设置 ①网店商品分类设置 ②网店导航设置 ③网店布局设置	（1）方法：讲授法、演示法、实训法 （2）重点：网店素材上传 （3）难点：网店个性化设置	4
	1-3 视觉营销	（1）视觉营销概念	1）视觉营销的含义 2）视觉营销的原则 ①实用原则 ②目的原则 ③统一原则	（1）方法：讲授法、演示法 （2）重点与难点：视觉营销的原则	1
		（2）装修素材视觉营销	1）网店装修的视觉营销参考因素 ①以商品为核心 ②突出网店定位 ③关注用户体验 2）基于视觉营销的网店装修	（1）方法：讲授法、演示法、实训法 （2）重点与难点：网店装修的视觉营销参考因素	1
		（3）商品素材视觉营销	1）主图的视觉营销参考因素 2）基于视觉营销的主图构成 ①品牌信息 ②促销信息 ③价值信息 ④规模信息 3）详情页的视觉营销参考因素	（1）方法：讲授法、演示法、实训法 （2）重点与难点：基于视觉营销的主图构成、详情页的视觉营销包含要素	2

续表

模块	课程	学习单元	课程内容	培训建议	课堂学时
1．美工设计	1-3 视觉营销	（3）商品素材视觉营销	4）详情页的视觉营销包含要素 ①使用情景的价值塑造 ②售后信息的传递 ③促销信息的表达 ④增强客户购买信心		
2．网页制作	2-1 制作静态网页	（1）制作静态网页	1）静态网页与动态网页的区别 2）HTML语言语法和常用标签 3）使用HTML制作静态网页 4）新建站点和网页	（1）方法：讲授法、实训法、演示法 （2）重点：HTML语言语法和常用标签 （3）难点：使用HTML制作静态网页	2
2．网页制作	2-2 网页图文混排	（1）网页图文混排	1）文本对象设置 ①录入文本对象 ②设置文本、段落格式 ③特殊字符的处理 2）图片对象设置 ①插入图片 ②设置图片属性 3）设置页面属性 4）图文混排	（1）方法：讲授法、实训法、演示法 （2）重点与难点：图文混排	3
2．网页制作	2-3 网页布局	（1）网页布局设计	1）表格布局 ①创建表格 ②选取表格元素 ③设置表格属性 ④设置单元格属性 ⑤嵌套表格 2）层布局 ①创建层 ②编辑层 ③设置层属性 ④创建嵌套层 3）框架布局 ①创建框架 ②框架的基本操作	（1）方法：讲授法、实训法、演示法 （2）重点：表格布局和框架布局 （3）难点：层布局	4

续表

模块	课程	学习单元	课程内容	培训建议	课堂学时
2．网页制作	2-4 创建超链接	（1）网页超链接	1）文字超链接 ①内部超链接 ②外部超链接	（1）方法：讲授法、实训法、演示法 （2）重点与难点：图片热区超链接、锚记超链接	2
			2）图片超链接 ①图片超链接 ②图片热区超链接		
			3）其他超链接 ①电子邮件超链接 ②锚记超链接		
	2-5 制作动态效果	（1）网页动态效果	1）音频 ①音频格式 ②插入背景音乐 ③背景音乐属性设置	（1）方法：讲授法、实训法、演示法 （2）重点：插入音频、视频 （3）难点：制作滚动公告	3
			2）视频 ①视频格式 ②插入FLV视频 ③FLV视频属性设置		
			3）利用行为面板制作动态效果 ①添加行为 ②制作网页特效		
			4）制作滚动公告 ①添加标签 ②设置标签属性		
3．网络市场信息管理	3-1 网络市场调查方案设计	（1）制定网络市场调查方案	1）网络市场调查简介	（1）方法：讲授法、演示法、实训法 （2）重点与难点：网络市场调查方案撰写与设计	3
			2）网络市场调查的方法		
			3）网络市场调查的流程		
			4）网络市场调查方案结构		
			5）网络市场调查方案撰写与设计		

续表

模块	课程	学习单元	课程内容	培训建议	课堂学时
3．网络市场信息管理	3-2 网络市场信息采集	（1）网络市场信息直接采集	1）网络市场调查问卷设计及在线调查 2）专题讨论采集信息 ①利用电子公告牌（BBS）采集信息 ②利用邮件列表采集信息 3）电话调查	（1）方法：讲授法、演示法、实训法 （2）重点：网络市场调查问卷设计 （3）难点：专题讨论采集信息	4
		（2）网络市场信息间接采集	1）利用搜索引擎采集市场信息 ①主题分类检索 ②关键词检索 2）利用专业产品网站采集市场信息 ①竞争对手信息采集 ②竞争产品信息采集	（1）方法：讲授法、演示法、实训法 （2）重点与难点：搜索引擎采集信息	2
	3-3 网络市场信息处理	（1）分析网络市场调查数据	1）调查资料整理 ①数据排序 ②分组统计 ③分类汇总 ④数据统计图表制作 2）调查数据分析 ①总量指标 ②相对指标 ③平均指标	（1）方法：讲授法、演示法、实训法 （2）重点与难点：调查数据分析处理	2
		（2）撰写网络市场调查报告	1）调查报告格式 2）调查报告撰写要求 3）撰写调查报告注意事项	（1）方法：讲授法、演示法、实训法 （2）重点与难点：撰写调查报告	2

续表

模块	课程	学习单元	课程内容	培训建议	课堂学时
4．网络营销	4-1 制订网络推广计划	（1）制订网络推广计划	1）网络推广认知 2）制订网络推广计划 ①制订网络推广的目标 ②确定网络推广渠道 ③选择网络推广方法 ④确定网络推广时间、预算、人员安排 3）撰写网络推广计划	（1）方法：讲授法、实训法 （2）重点与难点：制订网络推广计划	2
	4-2 网络推广	（1）电子邮件广告推广	1）电子邮件广告设计 ①设计电子邮件广告的原则 ②电子邮件广告格式设计 ③电子邮件广告内容选择 2）电子邮件广告发布	（1）方法：讲授法、实训法、演示法 （2）重点与难点：电子邮件广告设计与发布	2
		（2）搜索引擎关键词推广	1）搜索引擎关键词优化 ①搜索引擎关键词设置 ②搜索引擎关键词选取 ③搜索引擎关键词优化技巧 2）搜索引擎关键词竞价 ①搜索引擎竞价排名规则 ②搜索引擎竞价平台选择 ③搜索引擎关键词竞价价格查询 ④搜索引擎关键词竞价推广技巧	（1）方法：讲授法、演练法 （2）重点：搜索引擎关键词优化 （3）难点：搜索引擎关键词竞价	2
		（3）软文推广	1）软文介绍 2）软文写作 ①收集资料 ②寻找卖点与话题 ③构思创意 ④开发与选题设计 ⑤编写软文内容 ⑥网络营销软文写作技巧	（1）方法：讲授法、实训法、演示法 （2）重点与难点：软文写作与发布	2

续表

模块	课程	学习单元	课程内容	培训建议	课堂学时
4．网络营销	4-2 网络推广	（3）软文推广	3）软文发布 ①利用论坛发布软文 ②利用微博发布软文 ③利用问答平台发布软文 ④利用即时通信工具发布软文		
		（4）网络广告推广	1）网络广告类型及其选择 ①按投放目的分 ②按投放形式分 2）网络广告付费形式及其选择 ①按千人展示计费广告 ②按行动计费广告 ③按销售计费广告 3）网络广告投放技巧	（1）方法：讲授法、案例教学法、演练法 （2）重点与难点：网络广告付费形式的选择	1
5．网店优化管理	5-1 分析数据	（1）运营数据分析	1）常用数据分析工具 ①百度指数 ②阿里指数 ③站长工具 ④生意参谋 2）常用数据 ①浏览量/展现量（PV） ②点击率 ③访客数（UV） ④跳失率 ⑤客单价 3）商品信息数据分析 ①标题分析的数据指标应用 ②主图分析的数据指标应用 ③详情页分析的数据指标应用 ④价格分析的数据指标应用	（1）方法：讲授法、实训法、演示法 （2）重点：常用数据 （3）难点：商品信息数据分析	3

续表

模块	课程	学习单元	课程内容	培训建议	课堂学时
5．网店优化管理	5-2 优化商品信息	（1）商品信息优化	1）标题优化的方法 ①查询顾客搜索精准匹配度 ②查找顾客经常搜索的通用词语 ③使用数据分析工具查找顾客搜索量最大的词语 2）价格优化的方法 ①黄金分割法 ②促销定价	（1）方法：讲授法、实训法、演示法 （2）重点：标题优化方法 （3）难点：价格优化的方法	2
	5-3 优化交易评价	（1）评价优化	1）单品评价 ①单品评价维度 ②单品评价的作用与意义 ③恶意评价的处理流程 2）动态评价 ①动态评价维度 ②动态评价的作用与意义 3）提升评价的方法	（1）方法：讲授法、实训法、演示法 （2）重点：单品评价和动态评价的维度 （3）难点：提升评价的方法	2
6．客户服务管理	6-1 客户信息管理	（1）客户信息收集与分析	1）客户信息收集 ①建立客户资料库 ②建立客户信息档案 2）客户信息分析 ①客户购物路径 ②客户区域 ③客户购买习惯 ④客户贡献率	（1）方法：讲授法、案例教学法、讨论法 （2）重点：客户信息收集 （3）难点：客户信息分析	1
		（2）客户信息管理	1）客户分类 ①客户分类方法 ②客户标签设置 2）客户关怀与营销 ①客户关怀策略 ②客户保持策略 ③防止客户流失策略 ④客户联盟策略	（1）方法：讲授法、案例教学法 （2）重点：客户分类 （3）难点：客户关怀与营销	2

续表

模块	课程	学习单元	课程内容	培训建议	课堂学时
6. 客户服务管理	6-2 客户满意度管理	(1) 客户满意度	1）客户满意度的概念	（1）方法：讲授法、案例教学法、讨论法 （2）重点：客户满意度的衡量指标 （3）难点：提升客户满意度的措施	2
			2）客户满意度的影响因素 ①网店建设因素 ②商品质量因素 ③商品描述因素 ④网络安全因素 ⑤物流配送因素 ⑥售后服务因素		
			3）客户满意度的衡量指标 ①用户黏性 ②客单价 ③客户评价 ④复购率 ⑤口碑传播		
			4）提升客户满意度的措施 ①树立"以客户为中心"的服务观念 ②关注客户购物体验 ③提高客户服务质量 ④建立完善的客户满意度评价体系		
	6-3 客户忠诚度管理	(1) 客户忠诚度	1）客户忠诚度的概念	（1）方法：讲授法、案例教学法、讨论法 （2）重点：客户忠诚度的驱动因素 （3）难点：客户忠诚度的评价	1
			2）客户忠诚度的驱动因素 ①客户满意度 ②客户价值 ③客户信任 ④购买成本 ⑤转移成本 ⑥客户关怀		
			3）客户忠诚度的评价 ①对价格的敏感程度 ②对竞争产品的态度 ③对商品质量的承受能力 ④对产品的认同度		

续表

模块	课程	学习单元	课程内容	培训建议	课堂学时
7.物流管理	7-1 电子商务物流作业管理	(1) 电子商务物流作业管理	1）仓储管理 ①仓储合理化 ②包装合理化 ③装卸搬运合理化 2）配送管理 ①电子商务中物流配送的基本特征 ②对电子商务配送产生影响的因素 ③电子商务物流配送的合理化 3）物流信息管理 ①物流信息管理的技术手段 ②电子商务物流订单处理	(1) 方法：讲授法、案例教学法、实训法 (2) 重点：仓储管理 (3) 难点：配送管理	1
	7-2 电子商务物流服务管理	(1) 电子商务物流服务管理	1）电子商务物流服务内容 ①物流基本服务 ②物流增值服务 2）电子商务物流服务管理 ①物流服务的特性 ②物流服务方式的选择 ③物流服务质量评价指标	(1) 方法：讲授法、案例教学法、实训法 (2) 重点：电子商务物流服务内容 (3) 难点：电子商务物流服务管理	1
	7-3 电子商务物流成本管理	(1) 电子商务物流成本管理	1）电子商务物流成本核算 ①物流成本的构成 ②物流成本核算的内容 ③物流成本核算的程序 2）电子商务物流成本管理 ①物流成本管理的原则 ②物流成本管理的方法	(1) 方法：讲授法、案例教学法、实训法 (2) 重点：电子商务物流成本核算 (3) 难点：电子商务物流成本管理	1

续表

模块	课程	学习单元	课程内容	培训建议	课堂学时
8．电子商务安全管理	8-1 电子商务安全制度保障	（1）电子商务安全管理制度	1）电子商务系统管理制度 2）病毒防范制度 3）其他管理制度	（1）方法：讲授法、演示法、讨论法 （2）重点与难点：电子商务系统管理制度	1
	8-2 电子商务交易安全	（1）电子商务交易中的安全威胁及防范	1）电子交易常见安全威胁 2）交易双方的安全防范措施	（1）方法：讲授法、演示法、案例教学法 （2）重点与难点：交易双方的安全防范措施	1
课堂学时合计					66

2.2.4 电子商务师（二级）职业技能培训课程规范

模块	课程	学习单元	课程内容	培训建议	课堂学时
1．电子商务网站规划	1-1 商务网站的认知	（1）商务网站的分类与网页组成	1）商务网站的概念 2）商务网站的分类 3）商务网站的功能 4）商务网站网页的常见元素 5）商务网站的逻辑结构	（1）方法：讲授法、演示法、案例教学法 （2）重点：商务网站的分类与功能、商务网页常见元素 （3）难点：商务网站的逻辑结构	1
		（2）商务网站规划原则	1）目的性和用户需求相统一原则 2）总体设计方案主体鲜明原则 3）企业专业特性介绍原则 4）网站版式设计原则	（1）方法：讲授法、演示法、案例教学法 （2）重点与难点：目的性和用户需求相统一原则、网页形式与内容相统一原则、实用性功能服务应切合实际需要原则	1

续表

模块	课程	学习单元	课程内容	培训建议	课堂学时
1. 电子商务网站规划	1-1 商务网站的认知	（2）商务网站规划原则	5）网页形式与内容相统一原则		
			6）实用性功能服务应切合实际需要原则		
	1-2 市场调研与用户需求分析	（1）市场调研与用户需求分析	1）目标客户的调研分析 ①客户行为分析 ②重点客户发现	（1）方法：讲授法、演示法、实训法 （2）重点：目标客户的调研分析、竞争性市场分析、用户需求分析 （3）难点：目标客户的调研分析、用户需求分析	1
			2）竞争对手的调查分析 ①确认竞争对手 ②研究竞争对手		
			3）竞争性市场分析 ①同类商品的市场大小 ②特定的市场特征 ③竞争的分析 ④品质的分析 ⑤新产品市场开拓		
			4）用户需求分析 ①用户需求调研 ②用户需求分析报告撰写		
	1-3 商务网站定位与估算	（1）商务网站定位与估算	1）网站主题定位 ①题材的选择 ②内容的选择与处理	（1）方法：讲授法、演示法、案例教学法 （2）重点：网站主题定位、网站功能定位 （3）难点：网站容量估算	1
			2）网站功能定位 ①网站功能的分类 ②网站功能的定位		
			3）网站容量估算 ①网站的数据量估算 ②网站的访问量估算		

续表

模块	课程	学习单元	课程内容	培训建议	课堂学时
1．电子商务网站规划	1-4 可行性分析	(1) 组织可行性分析	1）电子商务网站人员规划 2）电子商务网站建设进度预估 ①调查分析阶段 ②确定网站模型阶段 ③内容组织阶段 ④网站总体设计阶段 ⑤具体制作阶段 ⑥系统全面调试阶段 ⑦上网试运行阶段 ⑧网站维护培训阶段	(1) 方法：讲授法、演示法、案例教学法 (2) 重点：电子商务网站人员规划、电子商务网站费用预算 (3) 难点：电子商务网站建设进度预估	2
		(2) 经济可行性分析	1）电子商务网站成本预算 ①网站建设开发成本 ②网站运行管理成本 2）电子商务网站收益分析 ①直接收益 ②间接收益 ③品牌收益	(1) 方法：讲授法、演示法、案例教学法 (2) 重点：电子商务网站成本预算 (3) 难点：电子商务网站收益分析	1
	1-5 网站实现方式	(1) 商务网站域名注册	1）域名及其选择 ①域名、IP地址概念 ②域名的管理机构 ③域名命名规则 ④选择域名时应注意的事项 2）域名的注册 ①国内域名注册 ②国际域名注册	(1) 方法：讲授法、演示法、案例教学法 (2) 重点：IP地址、域名的概念 (3) 难点：域名注册	2
		(2) 网站的实现	1）建设商务网站的方式 ①自主建设开发 ②建设开发外包 2）商务网站空间与环境的选择 ①主机托管 ②虚拟主机的选择 ③云平台的选择 3）网站部署与发布	(1) 方法：讲授法、演示法、案例教学法 (2) 重点：主机托管、建设开发外包 (3) 难点：商务网站空间与环境的选择	1

续表

模块	课程	学习单元	课程内容	培训建议	课堂学时
2.商务网站管理与维护	2-1 商务网站维护与更新	（1）商务网站维护与更新概述	1）商务网站维护与更新的意义 ①维持网站的日常运营和功能完善 ②修复网站存在的功能缺陷与安全漏洞 ③提升、改进网站的功能与性能 2）商务网站维护与更新的必要性 ①有效保持用户的关注度 ②优化用户体验 ③推进新型网络形态和消费业态新观念 ④促进网站技术升级转型 ⑤拓展市场的战略经营能力、运营管理能力和资源整合能力 3）商务网站维护的服务模式 ①标准化网站维护服务 ②基础性网站维护服务 ③定制型网站维护服务	（1）方法：讲授法、讨论法 （2）重点：商务网站维护与更新的意义 （3）难点：商务网站维护的服务模式	1
		（2）商务网站域名、服务器、空间维护	1）商务网站域名解析、绑定维护 ①网站域名解析、绑定维护的必要性 ②网站域名解析、绑定维护方法 2）商务网站服务器、空间维护 ①网站服务器、空间维护的必要性 ②网站服务器维护方法 ③网站空间维护方法	（1）方法：讲授法、讨论法、演示法 （2）重点与难点：商务网站服务器维护	1

续表

模块	课程	学习单元	课程内容	培训建议	课堂学时
2. 商务网站管理与维护	2-1 商务网站维护与更新	(3) 商务网站维护与更新的内容和方法	1) 商务网站页面维护 ①商务网站页面维护必要性 ②商务网站页面维护的内容 ③商务网站页面维护方法 2) 商务网站后台数据维护 ①对客户的信息进行维护 ②对产品信息进行维护 ③对互动论坛进行维护 ④对客户意见进行维护 3) 商务网站后台程序维护 ①后台程序维护及修复 ②后台数据备份 ③客户需求维护 4) 商务网站后期技术支持	(1) 方法：讲授法、讨论法、演示法 (2) 重点与难点：商务网站后台程序和数据维护	1
	2-2 商务网站安全维护	(1) 商务网站安全维护概述	1) 商务网站安全维护的必要性 ①技术结构的缺陷 ②产业结构的缺陷 ③管理结构的缺陷 2) 商务网站安全维护的目的 ①维护网站良好形象 ②保证网站业务系统正常运行 ③保护商务信息的秘密内容 3) 商务网站面临的安全性威胁 ①威胁的定义与识别 ②威胁的来源和方式	(1) 方法：讲授法、演示法、案例教学法 (2) 重点：商务网站安全维护的必要性及面临的威胁 (3) 难点：维护商务网站安全的对策	1

续表

模块	课程	学习单元	课程内容	培训建议	课堂学时
2．商务网站管理与维护	2-2 商务网站安全维护	（1）商务网站安全维护概述	4）信息安全的策略 ①商务网站安全的目标 ②信息安全的标准	（1）方法：讲授法、演示法、案例教学法 （2）重点：数字签名与认证技术 （3）难点：数据加密技术与防火墙技术	1
			5）维护商务网站安全的对策 ①对恶意攻击的威胁防范 ②对数据泄密的威胁防范 ③对信息篡改的威胁防范		
		（2）商务网站的安全技术	1）数据加密技术 ①数据加密的概念 ②数据加密的模型 ③现代加密算法的分类与标准		
			2）防火墙技术 ①防火墙概念 ②防火墙功能 ③防火墙主要结构		
			3）数字签名与认证技术 ①数字签名的概念和要求 ②数字签名的分类 ③常见数字签名的算法 ④数字证书的基本数据结构		
3．电子商务运营	3-1 网络采购	（1）网络采购业务认知	1）网络采购的含义	（1）方法：讲授法、演示法、实训法 （2）重点与难点：网络采购流程	2
			2）网络采购的主要类型		
			3）网络采购的优势		
			4）网络采购流程		
		（2）网络采购管理	1）电子合同审定 ①审核交易双方信息 ②审核采购货品 ③审核交易信息 ④审核验收方法和支付方法 ⑤审核交易违约责任	（1）方法：讲授法、案例教学法 （2）重点：电子合同审定 （3）难点：供应商选择与管理	3
			2）供应商选择与管理		

续表

模块	课程	学习单元	课程内容	培训建议	课堂学时
3.电子商务运营	3-2 网络营销	(1) 网络营销STP战略	1）网络市场细分 ①网络市场细分的步骤 ②网络市场细分的标准选择 ③网络市场细分方法 2）网络目标市场选择 ①网络目标市场 ②网络目标市场策略 3）网络市场定位 ①网络市场定位方法 ②网络市场定位策略	（1）方法：讲授法、案例教学法 （2）重点与难点：网络市场细分、网络目标市场选择和网络市场定位	3
		(2) 网络营销策略制订	1）4C理论演变 ①消费者：从"产品"转变到"顾客" ②成本：从"价格"转变到"成本" ③便利：从"渠道"转变到"方便" ④沟通：从"促销"转变到"沟通" 2）4C营销策略 ①满足消费者需求与欲望策略 ②满足成本策略 ③方便购买策略 ④沟通策略	（1）方法：讲授法、案例教学法 （2）重点与难点：4C营销策略	2
		(3) 网络营销评估	1）网络营销评估指标 ①网络营销评估的经济指标 ②网络营销评估的市场业绩指标 ③网络营销评估的技术指标 ④网络营销综合效果评估指标	（1）方法：讲授法、案例教学法 （2）重点：网络营销评估指标和网络营销评估方法 （3）难点：网络营销评估报告撰写	4

续表

模块	课程	学习单元	课程内容	培训建议	课堂学时
3. 电子商务运营	3-2 网络营销	（3）网络营销评估	2）网络营销评估方法 ①电子邮件营销效果评估方法 ②网站流量效果评估方法 ③网络广告营销效果评估方法 ④网络营销综合效果评估方法		
			3）网络营销评估报告撰写 ①撰写网络营销评估报告步骤 ②网络营销评估报告撰写格式 ③网络营销评估报告撰写应注意问题		
	3-3 客户服务	（1）客户服务考核	1）制定客户服务标准 ①制定客户服务标准的目的 ②客户服务标准的内容 ③制定客户服务标准的步骤	（1）方法：讲授法、案例教学法、讨论法 （2）重点：客户服务标准的内容 （3）难点：客户服务的考核	1
			2）客户服务考核评估 ①客户服务标准实施 ②客户服务的考核 ③客户服务的评估		
	3-4 物流信息处理	（1）电子商务物流信息应用	1）电子商务物流配送方案分析 ①电子商务物流信息分析 ②电子商务物流配送方案分析	（1）方法：讲授法、案例教学法 （2）重点与难点：利用电子商务物流信息进行配送方案优化	1
			2）利用电子商务物流信息进行配送方案优化 ①拟订配送计划流程 ②选择配送方法 ③分析配送成本 ④制定配送作业流程		

续表

模块	课程	学习单元	课程内容	培训建议	课堂学时
4．电子商务财务管理	4-1 电子商务企业启动资金测算	(1) 启动资金测算	1) 启动资金类型 ①开办费用 ②固定资产 ③流动资金 2) 编写投资计划表	(1) 方法：讲授法、案例教学法 (2) 重点与难点：编写投资计划表	2
	4-2 电子商务企业资金筹集	(1) 资金筹集	1) 电子商务企业资金筹集的渠道 ①借贷 ②股份转让 ③互联网金融 ④其他渠道 2) 电子商务企业资金筹集渠道选择 3) 电子商务企业投资回报计算	(1) 方法：讲授法、案例教学法 (2) 重点与难点：电子商务企业投资回报计算	1
	4-3 电子商务企业利润预测	(1) 利润预测	1) 企业利润要素 ①总收入 ②总成本 2) 电子商务企业利润计算 3) 预测电子商务企业利润步骤 4) 编写电子商务企业利润预测表	(1) 方法：讲授法、案例教学法 (2) 重点与难点：编写电子商务企业利润预测表	2
课堂学时合计					36

2.2.5 培训建议中培训方法说明

1．讲授法

讲授法指教师主要运用语言方式，系统地向学员传授知识，传播思想观念。即教师通过叙述、描绘、解释、推论来传递信息、传授知识、阐明概念、论证定律和公式，引导学员获取知识，分析和认识问题。

2．讨论法

讨论法指在教师的指导下，学员以全班或小组为单位，围绕学习单元的内容，对某一专题进行深入探讨,通过讨论或辩论活动,从而获得知识或巩固知识的一种教学方法,要求教师在讨论结束时对讨论的主题做归纳性总结。

3．实训（练习）法

实训（练习）法指学员在教师的指导下巩固知识、运用知识、形成技能技巧的方法。通过实际操作的练习,形成操作技能。

4．演示法

演示法指在教学过程中,教师通过示范操作和讲解使学员获得知识、技能的教学方法。教学中,教师对操作内容进行现场演示,边操作边讲解,强调操作的关键步骤和注意事项,使学员边学边做,理论与技能并重,师生互动,提高学生的学习兴趣和学习效率。

5．案例教学法

案例教学法指通过对案例进行分析,提出问题,分析问题,并找到解决问题的途径和手段,培养学员分析问题、处理问题的能力。

6．角色扮演法

角色扮演法指学员通过不同角色的扮演,体验自身角色的内涵活动和对方角色的心理,充分展现各种角色的"为"和"位"。在电子商务师角色扮演中的"角色"一般分为服务者和消费者两大类角色,学员通过角色扮演,学习和运用服务技能,以达到能够对消费者服务的标准。

2.3 考核规范

2.3.1 职业基本素质培训考核规范

考核范围	考核比重（%）	考核内容	考核比重（%）	考核单元
1．职业认知与职业道德	7	1-1 职业认知	2	（1）职业认知
		1-2 职业道德基本知识	2	（2）道德与职业道德
		1-3 职业守则	3	（3）职业守则

续表

考核范围	考核比重（%）	考核内容	考核比重（%）	考核单元
2．计算机基础	31	2-1 计算机构成和常见故障检修	4	（1）计算机系统构成
				（2）计算机常见故障检修
		2-2 计算机软件使用	27	（1）Windows 的安装与使用
				（2）文字处理软件的安装与使用
				（3）电子表格软件的安装与使用
				（4）幻灯片软件的安装与使用
				（5）常用工具软件的安装与使用
3．电子商务基础	6	3-1 电子商务认知	3	（1）电子商务认知
		3-2 电子商务交易模式	3	（1）电子商务交易模式
4．网络营销基础	17	4-1 网络营销认知	1	（1）网络营销基本概念
		4-2 网络营销环境	3	（1）网络营销环境
		4-3 网络消费者购买行为分析	4	（1）消费者购买动机
				（2）影响消费者购买行为的主要因素
				（3）购买决策
		4-4 网络营销策略	9	（1）产品策略
				（2）价格策略
				（3）渠道策略
				（4）促销策略
5．物流基础	11	5-1 物流基本认知	6	（1）物流的分类、基本特征和功能要素
				（2）电子商务与物流

续表

考核范围	考核比重（%）	考核内容	考核比重（%）	考核单元
5．物流基础	11	5-2 常用物流信息技术	5	（1）条码技术
				（2）POS技术
				（3）RFID技术
				（4）GPS/GIS技术
6．商品基础知识	14	6-1 商品的基本认知	3	（1）商品与商品分类
		6-2 商品的质量、标准与检验	6	（1）商品质量与标准
				（2）商品检验
		6-3 商品包装、储存与养护	5	（1）商品包装
				（2）商品储存与养护
7．客户服务基础	6	7-1 客户与客户关系管理	3	（1）客户认知
				（2）客户关系管理
		7-2 客户服务与电子商务客户服务	3	（1）客户服务
				（2）电子商务客户服务
8．电子支付基础	3	8-1 电子支付认知	1	（1）电子支付简介
		8-2 常见的电子支付流程	2	（1）常见的电子支付流程
9．电子商务安全基础	4	9-1 电子商务安全控制	2	（1）电子商务安全控制
		9-2 数据加密技术	1	（1）数据加密技术
		9-3 认证技术	1	（1）认证技术
10．相关法律法规	1	10-1 相关法律法规知识	1	（1）相关法律法规知识

2.3.2 电子商务员（四级）职业技能培训理论知识考核规范

考核范围	考核比重（%）	考核内容	考核比重（%）	考核单元
1．美工设计	12	1-1 素材拍摄	6	（1）素材拍摄
		1-2 图片处理	6	（1）网店素材及制作
2．商务信息管理	10	2-1 商务信息采集	6	（1）网络商务信息采集
				（2）信息传输与下载
		2-2 商务信息处理与发布	4	（1）商务信息整理与更新
				（2）网络商务信息发布
3．网络营销	20	3-1 电子邮件推广	5	（1）编写电子邮件并进行许可营销
				（2）利用群发电子邮件进行许可营销
		3-2 搜索引擎推广	3	（1）搜索引擎推广
		3-3 社会化媒体推广	12	（1）论坛推广
				（2）博客推广
				（3）微博推广
				（4）即时通信工具推广
4．网上交易操作	22	4-1 购买商品	9	（1）买家注册和购买商品
				（2）网上银行和第三方支付平台的使用
		4-2 网店期初设置	8	（1）注册网店
				（2）商品管理
		4-3 商品的订单处理	5	（1）订单处理

续表

考核范围	考核比重（%）	考核内容	考核比重（%）	考核单元
5．电子商务安全管理	10	5-1 病毒防范技术	3	（1）计算机病毒预防与查杀
				（2）移动终端安全威胁与防范措施
		5-2 数据备份与恢复技术	2	（1）数据备份与恢复技术
		5-3 本地文件加密	2	（1）本地文件的加密与解密
		5-4 数字证书	3	（1）个人数字证书的申请与使用
				（2）服务器证书的安装与使用
6．客户服务	16	6-1 客户服务工作准备	3	（1）客户服务工作准备
		6-2 客户接待与沟通	8	（1）客户接待与沟通
		6-3 售后服务管理	5	（1）售后服务管理
7．物流基本作业	10	7-1 仓储作业	4	（1）入库作业
				（2）出库作业
				（3）商品包装
				（4）装卸搬运作业
		7-2 快递物流作业	6	（1）快递物流作业

2.3.3 电子商务员（四级）职业技能培训操作技能考核规范

考核范围	考核比重（%）	考核内容	考核比重（%）	考核形式	选考方式	考核时间（分钟）	重要程度
1．美工设计	12	1-1 素材拍摄	6	笔试	必考	20	X
		1-2 图片处理	6	实操	必考	60	X

续表

考核范围	考核比重(%)	考核内容	考核比重(%)	考核形式	选考方式	考核时间(分钟)	重要程度
2. 商务信息管理	10	2-1 商务信息采集	6	笔试	选考	15	Z
		2-2 商务信息处理与发布	4	实操	选考	35	Y
3. 网络营销	20	3-1 电子邮件推广	5	实操	选考	15	X
		3-2 搜索引擎推广	3	实操	必考	20	X
		3-3 社会化媒体推广	12	实操	必考	20	X
4. 网上交易操作	22	4-1 购买商品	9	实操	必考	10	X
		4-2 网店期初设置	8	实操	必考	10	X
		4-3 商品的订单处理	5	实操	必考	15	X
5. 电子商务安全管理	10	5-1 病毒防范技术	3	实操	必考	15	X
		5-2 数据备份与恢复技术	2	实操	选考	10	Y
		5-3 本地文件加密	2	实操	必考	10	X
		5-4 数字证书	3	实操	选考	10	Y
6. 客户服务	16	6-1 客户服务工作准备	3	笔试	选考	10	Y
		6-2 客户接待与沟通	8	实操	必考	20	X
		6-3 售后服务管理	5	笔试	必考	10	X
7. 物流基本作业	10	7-1 仓储作业	4	实操	必考	20	Y
		7-2 快递物流作业	6	实操	必考	20	Y

2.3.4 助理电子商务师（三级）职业技能培训理论知识考核规范

考核范围	考核比重（%）	考核内容	考核比重（%）	考核单元
1. 美工设计	18	1-1 图像处理	6	(1) 图像处理
		1-2 网店装修	6	(1) 网店装修
		1-3 视觉营销	6	(1) 视觉营销概念
				(2) 装修素材视觉营销
				(3) 商品素材视觉营销
2. 网页制作	20	2-1 制作静态网页	3	(1) 制作静态网页
		2-2 网页图文混排	4	(1) 网页图文混排
		2-3 网页布局	6	(1) 网页布局设计
		2-4 创建超链接	4	(1) 网页超链接
		2-5 制作动态效果	3	(1) 网页动态效果
3. 网络市场信息管理	10	3-1 网络市场调查方案设计	3	(1) 制定网络市场调查方案
		3-2 网络市场信息采集	3	(1) 网络市场信息直接采集
				(2) 网络市场信息间接采集
		3-3 网络市场信息处理	4	(1) 分析网络市场调查数据
				(2) 撰写网络市场调查报告
4. 网络营销	20	4-1 制订网络推广计划	5	(1) 制订网络推广计划
		4-2 网络推广	15	(1) 电子邮件广告推广
				(2) 搜索引擎关键词推广
				(3) 软文推广
				(4) 网络广告推广

续表

考核范围	考核比重（%）	考核内容	考核比重（%）	考核单元
5．网店优化管理	12	5-1 分析数据	5	(1) 运营数据分析
		5-2 优化商品信息	5	(1) 商品信息优化
		5-3 优化交易评价	2	(1) 评价优化
6．客户服务管理	10	6-1 客户信息管理	4	(1) 客户信息收集与分析
				(2) 客户信息管理
		6-2 客户满意度管理	3	(1) 客户满意度
		6-3 客户忠诚度管理	3	(1) 客户忠诚度
7．物流管理	5	7-1 电子商务物流作业管理	3	(1) 电子商务物流作业管理
		7-2 电子商务物流服务管理	1	(1) 电子商务物流服务管理
		7-3 电子商务物流成本管理	1	(1) 电子商务物流成本管理
8．电子商务安全管理	5	8-1 电子商务安全制度保障	2	(1) 电子商务安全管理制度
		8-2 电子商务交易安全	3	(1) 电子商务交易中的安全威胁及防范

2.3.5 助理电子商务师（三级）职业技能培训操作技能考核规范

考核范围	考核比重（%）	考核内容	考核比重（%）	考核形式	选考方式	考核时间（分钟）	重要程度
1．美工设计	20	1-1 图像处理	7	实操	必考	40	X
		1-2 网店装修	7	实操	必考	50	X
		1-3 视觉营销	6	实操	必考	30	X

续表

考核范围	考核比重（%）	考核内容	考核比重（%）	考核形式	选考方式	考核时间（分钟）	重要程度
2．网页制作	20	2-1 制作静态网页	3	实操	必考	15	X
		2-2 网页图文混排	4	实操	必考	15	Y
		2-3 网页布局	6	实操	必考	20	X
		2-4 创建超链接	4	实操	必考	10	X
		2-5 制作动态效果	3	实操	选考	10	Y
3．网络市场信息管理	10	3-1 网络市场调查方案设计	3	笔试	必考	30	Y
		3-2 网络市场信息采集	3	实操	必考	20	X
		3-3 网络市场信息处理	4	笔试	必考	20	X
4．网络营销	20	4-1 制订网络推广计划	5	笔试	选考	20	Y
		4-2 网络推广	15	实操或笔试	必考	30	X
5．网店优化管理	10	5-1 分析数据	3	笔试	必考	15	X
		5-2 优化商品信息	5	实操	必考	20	X
		5-3 优化交易评价	2	笔试	选考	10	Y
6．客户服务管理	10	6-1 客户信息管理	4	实操	必考	15	X
		6-2 客户满意度管理	3	笔试	必考	10	X
		6-3 客户忠诚度管理	3	笔试	选考	10	Y

续表

考核范围	考核比重（%）	考核内容	考核比重（%）	考核形式	选考方式	考核时间（分钟）	重要程度
7. 物流管理	5	7-1 电子商务物流作业管理	3	实操	必考	20	X
		7-2 电子商务物流服务管理	1	笔试	选考	10	Y
		7-3 电子商务物流成本管理	1	笔试	选考	10	Y
8. 电子商务安全管理	5	8-1 电子商务安全制度保障	2	笔试	选考	15	Z
		8-2 电子商务交易安全	3	笔试	必考	15	X

2.3.6　电子商务师（二级）职业技能培训理论知识考核规范

考核范围	考核比重（%）	考核内容	考核比重（%）	考核单元
1. 电子商务网站规划	25	1-1 商务网站的认知	3	（1）商务网站的分类与网页组成
				（2）商务网站规划原则
		1-2 市场调研与用户需求分析	6	（1）市场调研与用户需求分析
		1-3 商务网站定位与估算	6	（1）商务网站定位与估算
		1-4 可行性分析	7	（1）组织可行性分析
				（2）经济可行性分析
		1-5 网站实现方式	3	（1）商务网站域名注册
				（2）网站的实现

续表

考核范围	考核比重（%）	考核内容	考核比重（%）	考核单元
2. 商务网站管理与维护	30	2-1 商务网站维护与更新	20	(1) 商务网站维护与更新概述
				(2) 商务网站域名、服务器、空间维护
				(3) 商务网站维护与更新的内容和方法
		2-2 商务网站安全维护	10	(1) 商务网站安全维护概述
				(2) 商务网站的安全技术
3. 电子商务运营	35	3-1 网络采购	5	(1) 网络采购业务认知
				(2) 网络采购管理
		3-2 网络营销	25	(1) 网络营销STP战略
				(2) 网络营销策略制订
				(3) 网络营销评估
		3-3 客户服务	3	(1) 客户服务考核
		3-4 物流信息处理	2	(1) 电子商务物流信息应用
4. 电子商务财务管理	10	4-1 电子商务企业启动资金测算	3	(1) 启动资金测算
		4-2 电子商务企业资金筹集	4	(1) 资金筹集
		4-3 电子商务企业利润预测	3	(1) 利润预测

2.3.7 电子商务师（二级）职业技能培训操作技能考核规范

考核范围	考核比重（%）	考核内容	考核比重（%）	考核形式	选考方式	考核时间（分钟）	重要程度
1. 电子商务网站规划	25	1-1 商务网站的认知	3	笔试	选考	5	Y
		1-2 市场调研与用户需求分析	6	笔试	必考	10	X
		1-3 商务网站定位与估算	6	笔试	必考	5	X
		1-4 可行性分析	7	笔试	必考	10	X
		1-5 网站实现方式	3	笔试	选考	5	Y
2. 商务网站管理与维护	30	2-1 商务网站维护与更新	20	实操	必考	15	X
		2-2 商务网站安全维护	10	笔试	选考	10	Y
3. 电子商务运营	35	3-1 网络采购	5	笔试	必考	15	X
		3-2 网络营销	25	笔试	必考	30	X
		3-3 客户服务	3	笔试	选考	10	Y
		3-4 物流信息处理	2	笔试	必考	15	Y
4. 电子商务财务管理	10	4-1 电子商务企业启动资金测算	3	实操	必考	20	X
		4-2 电子商务企业资金筹集	4	笔试	选考	15	X
		4-3 电子商务企业利润预测	3	实操	必考	20	X

附录

培训要求与课程
规范对照表

附录

附录1　职业基本素质培训要求与课程规范对照表

2.1.1 职业基本素质培训要求			2.2.1 职业基本素质培训课程规范			
职业基本素质模块（模块）	培训内容（课程）	培训细目	学习单元	课程内容	培训建议	课堂学时
1. 职业认知与职业道德	1-1 职业认知	(1) 电子商务师职业认知 (2) 电子商务师就业方向和就业前景	(1) 职业认知	1) 电子商务师职业认知 2) 电子商务师就业方向 3) 电子商务师就业前景	(1) 方法：讲授法 (2) 重点：电子商务师职业认知 (3) 难点：电子商务师的就业方向和就业前景	1
	1-2 职业道德基本知识	(1) "四德"建设的主要内容 (2) 社会主义核心价值观 (3) 职业道德修养	(1) 道德与职业道德	1) 道德 ①道德的含义 ②公民道德规范 ③社会主义核心价值观 2) 职业道德 ①职业道德的概念 ②各行业共同的职业道德 ③服务态度、服务质量、职业道德三者的关系 ④加强职业道德修养	(1) 方法：讲授法、案例教学法 (2) 重点与难点：电子商务师职业道德养成	1
	1-3 职业守则	(1) 电子商务师职业守则	(1) 职业守则	1) 忠于职守、坚持原则 2) 兢兢业业、吃苦耐劳 3) 谦虚谨慎、办事公道 4) 遵纪守法、廉洁奉公 5) 恪守信用、严守机密 6) 实事求是、工作认真 7) 刻苦学习、勇于创新 8) 钻研业务、敬业爱岗	(1) 方法：讲授法、案例教学法 (2) 重点与难点：电子商务师的职业守则	2

续表

2.1.1 职业基本素质培训要求			2.2.1 职业基本素质培训课程规范			
职业基本素质模块（模块）	培训内容（课程）	培训细目	学习单元	课程内容	培训建议	课堂学时
2．计算机基础	2-1 计算机构成和常见故障检修	（1）计算机硬件系统的构成 （2）计算机软件系统的构成 （3）计算机常见故障产生原因 （4）计算机故障常见检修方法	（1）计算机系统构成	1）主机 ①CPU ②主板 ③内存储器 2）外围设备 ①外存储器 ②输入设备 ③输出设备 3）系统软件简介 ①操作系统 ②语言处理系统 ③数据库管理系统 4）应用软件简介 ①办公软件 ②图像处理软件 ③其他应用软件	（1）方法：讲授法、演示法、实训法 （2）重点：计算机软件系统的构成 （3）难点：计算机硬件系统的构成	2
			（2）计算机常见故障检修	1）计算机常见故障产生原因 2）计算机故障常见检修方法 ①清洁法 ②插拔法 ③替换法 ④比较检测法 ⑤振动敲击法	（1）方法：讲授法、演示法 （2）重点：计算机常见故障产生原因 （3）难点：计算机故障常见检修方法	1
	2-2 计算机软件使用	（1）Windows的安装与使用	（1）Windows的安装与使用	1）Windows的安装 ①Windows安装前的准备 ②Windows的安装步骤 2）Windows的使用 ①Windows的窗口界面 ②Windows的系统设置 ③Windows的基本操作	（1）方法：讲授法、演示法、实训法 （2）重点与难点：Windows的使用	2

续表

2.1.1 职业基本素质培训要求			2.2.1 职业基本素质培训课程规范			
职业基本素质模块（模块）	培训内容（课程）	培训细目	学习单元	课程内容	培训建议	课堂学时
2. 计算机基础	2-2 计算机软件使用	（2）文字处理软件的安装与使用 （3）电子表格软件的安装与使用	（2）文字处理软件的安装与使用	1）文字处理软件的安装 2）文字处理软件的基本操作 ①文字处理软件的启动 ②文字处理软件窗口的组成 ③文本的录入与编辑 ④文档的保存 ⑤文字处理软件的退出 3）文档的编排与设置 ①字符格式的设置 ②段落格式的设置 ③文档页面的设置 4）表格的创建与编辑 ①创建表格 ②编辑表格 5）插入并设置对象 ①插入对象 ②设置对象	（1）方法：讲授法、演示法、实训法 （2）重点：文档的编排与设置 （3）难点：插入对象的处理	4
			（3）电子表格软件的安装与使用	1）电子表格软件的安装 2）电子表格软件的基本操作 ①电子表格软件的启动 ②电子表格软件窗口的组成 ③工作簿的保存 ④电子表格软件的退出 3）工作表的编辑 ①输入数据 ②编辑单元格 ③编辑工作表 ④格式化工作表 ⑤设置单元格的行高和列宽	（1）方法：讲授法、演示法、实训法 （2）重点：工作表的编辑 （3）难点：公式与函数的使用、数据管理	7

续表

2.1.1 职业基本素质培训要求			2.2.1 职业基本素质培训课程规范			
职业基本素质模块（模块）	培训内容（课程）	培训细目	学习单元	课程内容	培训建议	课堂学时
2. 计算机基础	2-2 计算机软件使用		（3）电子表格软件的安装与使用	4）公式与函数的使用 ①公式的使用 ②函数的使用 ③常用函数介绍		
				5）数据的管理 ①数据排序 ②数据筛选 ③数据的分类汇总		
				6）图表的使用 ①图表的创建 ②图表的编辑 ③图表的格式化		
		（4）幻灯片软件的安装与使用	（4）幻灯片软件的安装与使用	1）幻灯片软件的安装	（1）方法：讲授法、演示法、实训法 （2）重点：幻灯片的编辑 （3）难点：幻灯片的修饰	4
				2）幻灯片软件的基本操作 ①幻灯片软件的启动 ②幻灯片软件窗口的组成 ③幻灯片的保存 ④幻灯片软件的退出		
				3）幻灯片的编辑 ①文本处理 ②图形处理 ③表格处理 ④图表和组织结构图处理 ⑤多媒体处理 ⑥设置超链接		
				4）幻灯片的修饰 ①幻灯片模版 ②幻灯片的配色方案 ③幻灯片母版		
				5）幻灯片的切换效果和动画效果 ①设置幻灯片的切换效果 ②设置动画效果		
				6）幻灯片放映		

附录

续表

2.1.1 职业基本素质培训要求			2.2.1 职业基本素质培训课程规范			
职业基本素质模块（模块）	培训内容（课程）	培训细目	学习单元	课程内容	培训建议	课堂学时
2. 计算机基础	2-2 计算机软件使用	（5）浏览器的安装与使用 （6）压缩软件的安装与使用	（5）常用工具软件的安装与使用	1）浏览器的安装 2）浏览器的使用 ①浏览网页内容 ②搜索并保存网页内容 ③管理收藏夹与历史记录 ④浏览器常见选项设置 3）压缩软件的安装 4）压缩软件的使用 ①压缩文件 ②解压文件	（1）方法：讲授法、演示法、实训法 （2）重点与难点：浏览器、压缩软件的使用	2
3. 电子商务基础	3-1 电子商务认知	（1）电子商务的含义 （2）电子商务与传统商务的比较 （3）电子商务的环境	（1）电子商务认知	1）电子商务的含义 2）电子商务与传统商务的比较 3）电子商务的环境 ①社会环境 ②法规政策环境 ③技术条件环境	（1）方法：讲授法、案例教学法 （2）重点：电子商务的含义 （3）难点：电子商务与传统商务的比较	2
	3-2 电子商务交易模式	（1）B2B 电子商务模式 （2）B2C 电子商务模式 （3）C2C 电子商务模式	（1）电子商务交易模式	1）B2B 电子商务模式 2）B2C 电子商务模式 3）C2C 电子商务模式 4）其他电子商务交易模式	（1）方法：讲授法、案例教学法 （2）重点：B2C 电子商务模式 （3）难点：B2B 电子商务模式	2
4. 网络营销基础	4-1 网络营销认知	（1）网络营销基本定义 （2）网络营销的特点 （3）网络营销的层次	（1）网络营销基本概念	1）网络营销的定义 2）网络营销的特点 3）网络营销的层次 4）网络营销的基本功能 ①建立网络品牌 ②推广企业网站 ③促进销售	（1）方法：讲授法、案例教学法 （2）重点：网络营销的特点和基本功能 （3）难点：全面深入理解网络营销	1

续表

2.1.1 职业基本素质培训要求			2.2.1 职业基本素质培训课程规范			
职业基本素质模块（模块）	培训内容（课程）	培训细目	学习单元	课程内容	培训建议	课堂学时
4. 网络营销基础	4-1 网络营销认知	（4）网络营销的基本功能 （5）全面深入理解网络营销	（1）网络营销基本概念	5）全面深入理解网络营销 ①网络营销是手段而不是目的 ②网络营销不是孤立存在的 ③网络营销不等于网上销售 ④网络营销不等于电子商务 ⑤网络营销不仅限于网上		
	4-2 网络营销环境	（1）网络营销宏观环境 （2）网络营销微观环境	（1）网络营销环境	1）网络营销的宏观环境 ①人口环境 ②政治和法律环境 ③经济环境 ④科技环境 ⑤社会文化环境 ⑥自然环境 2）网络营销的微观环境 ①企业内部 ②竞争者状况 ③供应商 ④营销中介机构 ⑤顾客 ⑥社会公众	（1）方法：讲授法、案例教学法 （2）重点与难点：网络营销的宏观、微观环境	2
	4-3 网络消费者购买行为分析	（1）消费者购买动机	（1）消费者购买动机	1）消费者购买动机的形成 2）消费者购买动机的分类 ①生理性购买动机 ②心理性购买动机 ③社会化购买动机	（1）方法：讲授法、案例教学法 （2）重点：消费者购买动机的分类 （3）难点：消费者购买动机的形成	1

续表

2.1.1 职业基本素质培训要求			2.2.1 职业基本素质培训课程规范			
职业基本素质模块（模块）	培训内容（课程）	培训细目	学习单元	课程内容	培训建议	课堂学时
4.网络营销基础	4-3 网络消费者购买行为分析	(2) 影响消费者购买行为的主要因素 (3) 购买行为决策	(2) 影响消费者购买行为的主要因素	1) 文化因素 ①社会文化 ②亚文化 ③社会阶层 2) 社会因素 ①参照群体 ②家庭 3) 个人因素 ①年龄和生命周期阶段 ②经济状况 ③生活方式 ④个性及自我观念 4) 心理因素 ①动机 ②知觉 ③学习 ④信念和态度	(1) 方法：讲授法、案例教学法 (2) 重点：影响消费者购买行为的个人因素 (3) 难点：影响消费者购买行为的心理因素	1
			(3) 购买决策	1) 购买行为的类型 ①按消费者购买目的选定程度划分 ②按消费者购买态度和要求划分 ③按消费者购买情感反应划分 2) 购买行为过程	(1) 方法：讲授法、案例教学法 (2) 重点与难点：购买行为的实现	1
	4-4 网络营销策略	(1) 网络营销产品策略	(1) 产品策略	1) 网络营销产品概念 ①产品的整体含义 ②产品的分类 ③产品的选择 2) 产品组合策略 ①扩充产品组合策略 ②缩减产品组合策略 ③产品延伸策略 3) 品牌与商标策略 ①品牌策略 ②商标策略	(1) 方法：讲授法、案例教学法、演示法 (2) 重点：产品的选择 (3) 难点：产品组合策略	1

续表

2.1.1 职业基本素质培训要求			2.2.1 职业基本素质培训课程规范			
职业基本素质模块（模块）	培训内容（课程）	培训细目	学习单元	课程内容	培训建议	课堂学时
4. 网络营销基础	4-4 网络营销策略	（2）网络营销价格策略	（2）价格策略	1）企业定价目标 ①以维持企业生存为目标 ②以保持和提高市场占有率为目标 ③以获取理想利润为目标 ④以抑制竞争为目标 ⑤以树立企业形象为目标	（1）方法：讲授法、案例教学法、演示法 （2）重点：定价方法 （3）难点：定价策略	1
				2）定价方法 ①成本导向定价法 ②需求导向定价法 ③竞争导向定价法		
				3）定价策略 ①新产品定价策略 ②阶段定价策略 ③折扣价格策略 ④心理定价策略 ⑤相关商品价格策略		
		（3）网络营销渠道策略	（3）渠道策略	1）分销渠道的概念 ①分销渠道的含义 ②分销渠道的功能	（1）方法：讲授法、案例教学法 （2）重点：分销渠道的概念 （3）难点：分销渠道的模式	2
				2）分销渠道参与者 ①生产商 ②中间商 ③消费者		
				3）影响分销渠道的因素 ①市场因素 ②产品因素 ③企业因素 ④中间商因素 ⑤竞争者因素 ⑥环境因素		
				4）分销渠道的模式 ①垂直分销渠道模式 ②水平分销渠道模式 ③多渠道分销模式		

附录

续表

2.1.1 职业基本素质培训要求			2.2.1 职业基本素质培训课程规范			
职业基本素质模块（模块）	培训内容（课程）	培训细目	学习单元	课程内容	培训建议	课堂学时
4. 网络营销基础	4-4 网络营销策略	（4）网络营销促销策略	（4）促销策略	1）促销的概念及作用 ①促销的概念 ②促销的作用 2）促销组合的概念及影响因素 ①促销组合的概念 ②影响促销组合的因素 3）促销的基本策略 ①推式策略 ②拉式策略	（1）方法：讲授法、案例教学法 （2）重点：促销组合的影响因素 （3）难点：促销的基本策略	2
5. 物流基础	5-1 物流基本认知	（1）物流的概念、分类 （2）物流的基本特征和功能要素	（1）物流的分类、基本特征和功能要素	1）物流的概念 ①物流的含义 ②传统物流与现代物流的区别 ③物流的现状与发展趋势 2）物流的分类 ①按照物流作用分类 ②按物流活动空间范围分类 ③按物流系统性质分类 ④按执行者的不同分类 3）物流的基本特征 ①物流过程一体化 ②物流技术专业化 ③物流管理信息化 ④物流服务社会化 ⑤物流活动国际化 4）物流的功能要素 ①运输 ②仓储 ③装卸搬运 ④包装 ⑤流通加工 ⑥配送 ⑦物流信息	（1）方法：讲授法、演示法、案例教学法 （2）重点：物流的基本特征 （3）难点：物流的功能要素	3

续表

2.1.1 职业基本素质培训要求			2.2.1 职业基本素质培训课程规范			
职业基本素质模块（模块）	培训内容（课程）	培训细目	学习单元	课程内容	培训建议	课堂学时
5．物流基础	5-1 物流基本认知	（3）电子商务与物流的关系 （4）电子商务环境下的物流模式	（2）电子商务与物流	1）电子商务与物流的关系	（1）方法：讲授法、演示法、案例教学法 （2）重点与难点：电子商务环境下的物流模式	1
				2）电子商务环境下的物流模式 ①自营物流 ②第三方物流 ③物流联盟		
	5-2 常用物流信息技术	（1）条码技术的特点 （2）二维条码在电子商务中的应用 （3）POS技术的特点和应用	（1）条码技术	1）条码技术简介 ①条码的含义 ②条码技术的含义 ③条码的类型	（1）方法：讲授法、演示法、实训法 （2）重点：条码技术简介 （3）难点：二维条码在电子商务中的应用	1
				2）条码技术的特点 ①一维码的特点 ②二维码的特点		
				3）二维条码在电子商务中的应用 ①电子折扣券 ②电子有价券 ③电子凭证 ④电子回执		
			（2）POS技术	1）POS技术简介 ①POS的概念 ②POS系统的组成	（1）方法：讲授法、实训法 （2）重点：POS技术简介 （3）难点：POS技术特点	1
				2）POS技术特点 ①数据量少、速度低、实时性要求高 ②覆盖面广、应用广泛 ③传输质量高 ④保密性、安全性高		
				3）POS技术的应用 ①采购环节 ②仓库环节 ③零售环节 ④财务环节		

附录

续表

2.1.1 职业基本素质培训要求			2.2.1 职业基本素质培训课程规范			
职业基本素质模块（模块）	培训内容（课程）	培训细目	学习单元	课程内容	培训建议	课堂学时
5. 物流基础	5-2 常用物流信息技术	（4）RFID 技术的特点和应用 （5）GPS/GIS 技术的特点和应用	（3）RFID 技术	1）RFID 技术简介 ① RFID 的含义 ② RFID 的工作原理	（1）方法：讲授法、实训法 （2）重点：RFID 技术简介 （3）难点：RFID 在物流中的应用	1
				2）RFID 的特点		
				3）RFID 在物流中的应用 ①生产环节 ②运输环节 ③仓储环节 ④配送环节 ⑤零售环节		
			（4）GPS/GIS 技术	1）GPS/GIS 技术简介 ① GPS 含义和工作原理 ② GIS 含义和工作原理	（1）方法：讲授法、实训法 （2）重点：GPS/GIS 技术简介 （3）难点：GPS/GIS 技术在物流中的应用	1
				2）GPS/GIS 技术特点		
				3）GPS/GIS 技术在物流中的应用		
6. 商品基础知识	6-1 商品的基本认知	（1）商品的概念 （2）商品的基本属性 （3）商品分类	（1）商品与商品分类	1）商品的概念 ①商品的含义 ②商品的构成 ③商品的特点	（1）方法：讲授法、案例教学法 （2）重点与难点：商品分类	2
				2）商品的基本属性 ①商品的价值 ②商品的使用价值		
				3）商品分类 ①商品分类的类目层次 ②商品分类的原则 ③常用的商品分类标志 ④商品目录 ⑤商品编码		

续表

2.1.1 职业基本素质培训要求			2.2.1 职业基本素质培训课程规范			
职业基本素质模块（模块）	培训内容（课程）	培训细目	学习单元	课程内容	培训建议	课堂学时
6. 商品基础知识	6-2 商品的质量、标准与检验	（1）商品质量的含义和基本要求 （2）影响商品质量的因素 （3）商品标准的分类、级别 （4）商品标准化的含义和形式	（1）商品质量与标准	1）质量和商品质量的含义 ①质量的含义 ②商品质量的含义 2）影响商品质量的因素 ①原材料 ②生产工艺 ③流通过程 ④使用过程 3）常见商品的质量要求 ①食品质量的要求 ②纺织品质量的要求 ③日用工业品质量的要求 4）商品标准的含义和分类 ①商品标准的含义 ②商品标准的分类 5）商品标准的级别 ①国家标准 ②行业标准 ③地方标准 ④企业标准 6）商品标准化的含义和形式 ①商品标准化的含义 ②商品标准化的形式	（1）方法：讲授法、演示法、案例教学法 （2）重点：影响商品质量的因素 （3）难点：商品标准的级别	2
			（2）商品检验	1）商品检验的概念 ①商品检验的含义 ②商品检验的依据 ③商品检验的内容 ④商品检验的类别	（1）方法：讲授法、演示法、案例教学法 （2）重点：商品品级 （3）难点：伪劣商品的识别	2

续表

2.1.1 职业基本素质培训要求			2.2.1 职业基本素质培训课程规范			
职业基本素质模块（模块）	培训内容（课程）	培训细目	学习单元	课程内容	培训建议	课堂学时
6. 商品基础知识	6-2 商品的质量、标准与检验	(5) 商品检验的依据、内容、类别 (6) 商品检验的方法 (7) 商品品级 (8) 商品质量认证 (9) 伪劣商品及识别	(2) 商品检验	2) 商品检验的方法 ①感官检验法 ②理化检验法		
				3) 商品品级 ①商品品级的含义 ②商品品级划分原则 ③商品分级方法		
				4) 商品质量认证 ①商品质量认证的含义 ②商品质量认证的作用 ③商品质量认证的分类 ④常见商品质量认证标志		
				5) 伪劣商品及识别 ①伪劣商品的含义 ②伪劣商品的特征 ③伪劣商品的识别		
	6-3 商品包装、储存与养护	(1) 商品包装的作用、分类 (2) 商品包装标志 (3) 商品储存与养护	(1) 商品包装	1) 商品包装的概念 ①商品包装的含义 ②商品包装的作用	（1）方法：讲授法、演示法、案例教学法 （2）重点：商品包装的概念与分类 （3）难点：商品包装标志	2
				2) 商品包装的分类 ①按包装在流通中的作用分类 ②按包装所用材料分类		
				3) 商品包装标志 ①运输包装标志 ②销售包装标志		
			(2) 商品储存与养护	1) 商品储存 ①商品储存的含义 ②影响商品质量变化的因素 ③储存商品的质量变化	（1）方法：讲授法、演示法、案例教学法 （2）重点与难点：商品的养护技术	2
				2) 商品养护 ①商品养护的含义 ②商品的养护技术		

职业基本素质培训要求与课程规范对照表

续表

2.1.1 职业基本素质培训要求			2.2.1 职业基本素质培训课程规范			
职业基本素质模块（模块）	培训内容（课程）	培训细目	学习单元	课程内容	培训建议	课堂学时
7．客户服务基础	7-1 客户与客户关系管理	(1) 客户概念 (2) 客户细分 (3) 客户价值 (4) 客户关系管理的内涵、主要内容及作用	(1) 客户认知	1) 客户概念 ①客户的含义 ②顾客与客户的共性和区别 2) 客户细分 ①根据客户与企业的关系划分 ②根据客户对企业的价值划分 ③根据客户的忠诚程度划分 ④根据客户提供价值的能力划分 3) 客户价值 ①客户价值的含义 ②客户价值分析的意义 ③客户让渡价值 ④客户终身价值	(1) 方法：讲授法、案例教学法 (2) 重点：客户细分 (3) 难点：客户价值	1
			(2) 客户关系管理	1) 客户关系管理的内涵 2) 客户关系管理的主要内容 ①选择客户 ②获取客户 ③客户保持 ④客户价值扩展 3) 客户关系管理作用 ①降低销售和服务成本 ②实现信息共享 ③提高收益水平 ④提高客户的满意度与忠诚度	(1) 方法：讲授法、案例教学法 (2) 重点：客户关系管理的内涵与主要内容 (3) 难点：客户关系管理的作用	1

续表

2.1.1 职业基本素质培训要求			2.2.1 职业基本素质培训课程规范			
职业基本素质模块（模块）	培训内容（课程）	培训细目	学习单元	课程内容	培训建议	课堂学时
7. 客户服务基础	7-2 客户服务与电子商务客户服务	(1) 客户服务的含义、作用与基本要求 (2) 电子商务客户服务分类 (3) 电子商务客户服务的内容 (4) 电子商务客户服务工具	(1) 客户服务	1) 客户服务的含义与作用 ①客户服务的含义 ②客户服务的作用 2) 客户服务的基本要求 ①客户服务的基本原则 ②客户服务标准	(1) 方法：讲授法、案例教学法 (2) 重点：客户服务的含义 (3) 难点：客户服务的基本要求	1
			(2) 电子商务客户服务	1) 电子商务客户服务的概念 ①电子商务客户服务含义 ②电子商务客户服务的意义 2) 电子商务客户服务分类 ①按形式划分 ②按业务职能划分 3) 电子商务客户服务的内容 ①协助客户注册 ②进行在线调查 ③网络销售 ④解决交易问题 ⑤客户论坛维护 ⑥接受在线投诉 4) 电子商务客户服务工具 ①电话 ②电子邮件 ③在线表单 ④电子商务平台客服沟通工具 ⑤问答系统 ⑥网络社区	(1) 方法：讲授法、案例教学法、演示法、讨论法 (2) 重点：电子商务客户服务的内容 (3) 难点：电子商务客户服务工具	1

职业基本素质培训要求与课程规范对照表

续表

2.1.1 职业基本素质培训要求			2.2.1 职业基本素质培训课程规范			
职业基本素质模块（模块）	培训内容（课程）	培训细目	学习单元	课程内容	培训建议	课堂学时
8. 电子支付基础	8-1 电子支付认知	（1）电子支付的概念 （2）电子支付的发展现状 （3）电子支付方式	（1）电子支付简介	1）电子支付的概念 ①电子支付的含义 ②电子支付的特点 ③电子支付的分类 2）电子支付的发展现状 3）电子支付方式 ①网银支付 ②第三方支付	（1）方法：讲授法、案例教学法 （2）重点：电子支付的概念 （3）难点：电子支付方式	1
	8-2 常见的电子支付流程	（1）网上银行支付流程 （2）第三方支付流程	（1）常见的电子支付流程	1）网上银行支付流程 2）第三方支付流程	（1）方法：讲授法、演示法、实训法 （2）重点与难点：网上银行支付流程、第三方支付流程	1
9. 电子商务安全基础	9-1 电子商务安全控制	（1）电子商务的安全需求 （2）保障电子商务安全交易的技术标准	（1）电子商务安全控制	1）电子商务的安全需求 ①信息的保密性 ②交易各方身份的确定性 ③交易的不可否认性 ④交易内容的完整性 ⑤访问控制 2）保障电子商务安全交易的技术标准 ①安全电子交易协议 ②安全超文本传输协议 ③安全交易技术协议 ④安全套阶层协议	（1）方法：讲授法 （2）重点：电子商务的安全需求 （3）难点：保障电子商务安全交易的技术标准	1
	9-2 数据加密技术	（1）数据加密 （2）对称密钥加密 （3）非对称密钥加密	（1）数据加密技术	1）数据加密 ①数据加密的意义 ②数据加密的过程 2）对称密钥加密 ①对称密钥加密的含义 ②对称密钥加密的特点 3）非对称密钥加密 ①非对称密钥加密的含义 ②非对称密钥加密的特点	（1）方法：讲授法、案例教学法 （2）重点：对称密钥加密和非对称密钥加密的含义及特点 （3）难点：对称密钥加密和非对称密钥加密综合保密系统	1

续表

2.1.1 职业基本素质培训要求			2.2.1 职业基本素质培训课程规范			
职业基本素质模块（模块）	培训内容（课程）	培训细目	学习单元	课程内容	培训建议	课堂学时
9. 电子商务安全基础	9-2 数据加密技术	（4）对称密钥加密和非对称密钥加密综合保密系统	（1）数据加密技术	4）对称密钥加密和非对称密钥加密综合保密系统		
	9-3 认证技术	（1）身份认证的主要方法 （2）身份认证的技术 （3）认证中心	（1）认证技术	1）身份认证的主要方法 2）身份认证技术 ①数字摘要 ②数字签名 ③数字信封 ④数字时间戳 ⑤数字证书 3）认证中心 ①认证中心含义 ②认证中心提供的服务	（1）方法：讲授法、案例教学法 （2）重点：身份认证的主要方法和身份认证技术 （3）难点：身份认证技术	1
10. 相关法律法规	10-1 相关法律法规知识	（1）《中华人民共和国电子商务法》相关知识 （2）《中华人民共和国广告法》相关知识 （3）《中华人民共和国消费者权益保护法》相关知识 （4）《中华人民共和国合同法》相关知识 （5）《中华人民共和国电子签名法》相关知识	（1）相关法律法规知识	1）《中华人民共和国电子商务法》 ①电子商务的经营主体 ②电子商务交易与服务 ③电子商务交易保障 2）《中华人民共和国广告法》 ①广告内容准则 ②广告行为规范 3）《中华人民共和国消费者权益保护法》 ①消费者的权益 ②经营者的义务 4）《中华人民共和国合同法》 ①合同的订立 ②合同的履行 ③合同的权利义务终止 5）《中华人民共和国电子签名法》 ①数据电文 ②电子签名与认证	（1）方法：讲授法、案例教学法 （2）重点与难点：电子商务相关法律知识的理解与掌握	1

附录2 电子商务员（四级）职业技能培训要求与课程规范对照表

2.1.2 电子商务员（四级）职业技能培训要求				2.2.2 电子商务员（四级）职业技能培训课程规范			
职业功能（模块）	培训内容（课程）	技能目标	培训细目	学习单元	课程内容	培训建议	课堂学时
1. 美工设计	1-1 素材拍摄	1-1-1 能设置摄影器材的参数	（1）能使用摄影器材进行拍摄	（1）素材拍摄	1）摄影器材的使用 ①拍摄器材的使用 ②辅助器材的使用	（1）方法：讲授法、演练法、实训法 （2）重点与难点：摄影器材和辅助摄影器材的使用	4
					2）商品特性挖掘		
					3）商品构图要素		
		1-1-2 能根据商品特性进行构图与拍摄	（1）素材拍摄技巧		4）商品构图主要形式		
					5）拍摄过程中光的运用		
	1-2 图片处理	1-2-1 能制作网店常用素材	（1）制作网店装修素材 （2）制作网店商品素材	（1）网店素材及制作	1）网店装修素材 ①网店店标 ②网店店招 ③网店轮播图	（1）方法：讲授法、演练法、实训法 （2）重点与难点：网店素材制作	4
					2）网店商品素材 ①商品主图 ②详情页		
					3）网店素材制作 ①常用图片处理工具 ②网店素材制作方法		
2. 商务信息管理	2-1 商务信息采集	2-1-1 能采集网络商务信息	（1）搜索引擎信息采集 （2）特定网站信息采集 （3）社交网络信息采集 （4）电子邮件信息采集	（1）网络商务信息采集	1）网络商务信息基础 ①网络商务信息基本概念 ②网络商务信息采集基本要求	（1）方法：讲授法、演示法、实训法 （2）重点与难点：常用网络商务信息采集	2
					2）常用网络商务信息采集 ①搜索引擎信息采集 ②特定网站信息采集 ③社交网络信息采集 ④电子邮件信息采集		

续表

2.1.2 电子商务员（四级）职业技能培训要求				2.2.2 电子商务员（四级）职业技能培训课程规范			
职业功能（模块）	培训内容（课程）	技能目标	培训细目	学习单元	课程内容	培训建议	课堂学时
2. 商务信息管理	2-1 商务信息采集	2-1-2 能对网络信息进行传输与下载	（1）信息传输（2）信息下载	（2）信息传输与下载	1）常用下载工具的使用 2）FTP文件传输 3）利用即时通信工具传输与下载文件	（1）方法：讲授法、演示法、实训法 （2）重点与难点：利用即时通信工具传输与下载文件	2
	2-2 商务信息处理与发布	2-2-1 能对网络信息进行初步整理与存储	（1）信息的分类整理（2）信息的存储	（1）商务信息整理与更新	1）信息存储介质选择 2）商务信息分类存储 3）商务信息定期更新	（1）方法：讲授法、演示法、实训法 （2）重点与难点：商务信息更新	2
		2-2-2 能更新维护商务信息	（1）更新商务信息				
		2-2-3 能利用多种渠道在网络上发布商务信息	（1）利用网站发布信息（2）利用电子邮件发布信息（3）利用社交平台发布信息	（2）网络商务信息发布	1）利用网站发布信息 2）利用电子邮件发布信息 3）利用社交平台发布信息	（1）方法：讲授法、演示法、实训法 （2）重点与难点：利用社交平台发布信息	2
3. 网络营销	3-1 电子邮件推广	3-1-1 能利用电子邮件进行推广	（1）注册电子邮件（2）编制许可营销电子邮件（3）发送许可营销电子邮件	（1）编写电子邮件并进行许可营销	1）注册电子邮件 2）许可营销电子邮件格式 3）电子邮件许可营销步骤 4）许可营销电子邮件操作应注意的问题	（1）方法：讲授法、实训法 （2）重点与难点：许可营销电子邮件编写	2
		3-1-2 能利用群发工具进行电子邮件群发	（1）电子邮件群发工具选择（2）电子邮件地址资源收集	（2）利用群发电子邮件进行许可营销	1）电子邮件群发工具选择 2）电子邮件资源的收集	（1）方法：讲授法、实训法 （2）重点与难点：电子邮件群发的步骤	2

电子商务员（四级）职业技能培训要求与课程规范对照表

续表

2.1.2 电子商务员（四级）职业技能培训要求				2.2.2 电子商务员（四级）职业技能培训课程规范			
职业功能（模块）	培训内容（课程）	技能目标	培训细目	学习单元	课程内容	培训建议	课堂学时
3. 网络营销	3-1 电子邮件推广	3-1-2 能利用群发工具进行电子邮件群发	（3）群发电子邮件	（2）利用群发电子邮件进行许可营销	3）群发电子邮件 ①电子邮件群发的步骤 ②电子邮件群发应注意的问题		
	3-2 搜索引擎推广	3-2-1 能利用搜索引擎进行推广	（1）搜索引擎登录 （2）常用搜索引擎工具的选择 （3）搜索引擎营销方式选择	（1）搜索引擎推广	1）搜索引擎登录 2）搜索引擎的工作原理 3）常用搜索引擎工具的选择 ①全文搜索引擎 ②分类目录搜索引擎 ③元搜索引擎 4）搜索引擎营销目标和方式 ①搜索引擎营销目标 ②搜索引擎营销方式选择	（1）方法：讲授法、实训法 （2）重点：搜索引擎登录 （3）难点：搜索引擎营销方式选择	2
	3-3 社会化媒体推广	3-3-1 能利用论坛进行推广	（1）论坛选择与注册 （2）论坛发帖与回复 （3）论坛推广技巧	（1）论坛推广	1）论坛注册与推广工作内容 ①筛选人气论坛 ②注册与登录论坛 ③论坛个性签名设计 ④编写推广内容 ⑤发帖 ⑥查看与回复 2）论坛推广技巧	（1）方法：讲授法、演示法 （2）重点：论坛注册与推广工作内容 （3）难点：论坛推广技巧	2
		3-3-2 能利用博客进行推广	（1）博客平台选择与注册 （2）编写博客 （3）博客维护与更新 （4）博客推广技巧	（2）博客推广	1）博客注册与推广工作内容 ①博客平台选择 ②博客注册与登录 ③博客定位 ④编写博客内容 ⑤博客更新与维护 2）博客推广技巧	（1）方法：讲授法、实训法 （2）重点：博客注册与推广工作内容 （3）难点：博客推广技巧	2

续表

2.1.2 电子商务员（四级）职业技能培训要求				2.2.2 电子商务员（四级）职业技能培训课程规范			
职业功能（模块）	培训内容（课程）	技能目标	培训细目	学习单元	课程内容	培训建议	课堂学时
3. 网络营销	3-3 社会化媒体推广	3-3-3 能运用微博进行推广	（1）微博注册 （2）编写微博 （3）转发与互动 （4）申请认证 （5）微博推广技巧	（3）微博推广	1）微博注册 2）微博推广工作内容 ①设置标签 ②主动关注别人 ③编写微博内容 ④转发与互动 ⑤申请认证 3）微博推广技巧	（1）方法：讲授法、实训法 （2）重点：微博注册与推广工作内容 （3）难点：微博推广技巧	2
		3-3-4 能利用即时通信工具进行推广	（1）即时通信工具选择与下载 （2）即时通信工具注册与登录 （3）查找并加入客户群 （4）发起话题互动 （5）即时通信工具推广技巧	（4）即时通信工具推广	1）即时通信工具注册与推广工作内容 ①即时通信工具选择与下载 ②即时通信工具注册与登录 ③即时通信工具设置 ④查找并加入客户群 ⑤发起话题互动 2）即时通信工具推广技巧	（1）方法：讲授法、实训法 （2）重点：即时通信工具注册与推广工作内容 （3）难点：即时通信工具推广技巧	2
4. 网上交易操作	4-1 购买商品	4-1-1 能填写买家注册信息	（1）B2B、B2C、C2C网站的买家注册	（1）买家注册和购买商品	1）登录B2B、B2C、C2C网上购物网站主页进行买家注册与登录 2）利用搜索功能在B2B、B2C、C2C网站上查找需要的商品 3）选择购买店家 4）比较并选定所需商品 5）下订单 6）查看、查询订单	（1）方法：实训法、角色扮演法、演示法 （2）重点：正确填写注册信息 （3）难点：正确下订单	4
		4-1-2 能进行网上商品选购	（1）B2B、B2C、C2C网站商品选购、下订单、查看和查询订单				

电子商务员（四级）职业技能培训要求与课程规范对照表

续表

2.1.2 电子商务员（四级）职业技能培训要求				2.2.2 电子商务员（四级）职业技能培训课程规范			
职业功能（模块）	培训内容（课程）	技能目标	培训细目	学习单元	课程内容	培训建议	课堂学时
4. 网上交易操作	4-1 购买商品	4-1-3 能进行电子支付	(1) 网上银行电子支付 (2) 第三方电子支付	(2) 网上银行和第三方支付平台的使用	1) 网上银行和第三方支付平台的注册 2) 网上银行和第三方支付平台的登录及查看 3) 使用网上银行和第三方支付平台进行支付	(1) 方法：实训法、角色扮演法、演示法 (2) 重点与难点：使用网上银行和第三方支付平台进行支付	2
	4-2 网店期初设置	4-2-1 能注册卖家店铺	(1) 卖家店铺的注册 (2) 卖家店铺期初设置	(1) 注册网店	1) 卖家注册 2) 准确选择网店模板 3) 上传店铺标志 4) 铺放轮播图	(1) 方法：演示法、实训法 (2) 重点与难点：网上店铺的注册	3
		4-2-2 能上传商品	(1) 商品的添加及其信息上传	(2) 商品管理	1) 添加商品标题 ①标题的重要性 ②标题的组成 ③不能出现在标题中的词语 2) 上传商品首图 3) 上传商品详情信息 4) 完成商品上传	(1) 方法：演示法、实训法 (2) 重点与难点：商品的上传	3
	4-3 商品的订单处理	4-3-1 能审核和确认订单	(1) 订单的审核和确认	(1) 订单处理	1) 审核、复审订单 2) 确定相同地址的订单是否需要合并 3) 确认需合并的订单并做合并操作 4) 发货处理	(1) 方法：演示法、实训法 (2) 重点：订单的处理 (3) 难点：订单的合并	2
		4-3-2 能进行订单合并	(1) 订单的合并				
		4-3-3 能对订单进行发货处理	(1) 订单的发货				
5. 电子商务安全管理	5-1 病毒防范技术	5-1-1 能进行病毒预防及查杀	(1) 病毒防范 (2) 杀毒软件的安装及使用 (3) 杀毒软件、病毒库的更新	(1) 计算机病毒预防与查杀	1) 病毒防范措施 ①电子商务中常见病毒 ②病毒防范常用措施 2) 杀毒软件安装、使用及更新	(1) 方法：讲授法、演示法、实训法 (2) 重点与难点：使用杀毒软件查杀病毒	1

附录

续表

2.1.2 电子商务员（四级）职业技能培训要求				2.2.2 电子商务员（四级）职业技能培训课程规范			
职业功能（模块）	培训内容（课程）	技能目标	培训细目	学习单元	课程内容	培训建议	课堂学时
5. 电子商务安全管理	5-1 病毒防范技术	5-1-2 能防范移动终端的安全威胁	(1) 移动终端安全防范 (2) 移动商务管理安全防范	(2) 移动终端安全威胁与防范措施	1) 移动终端面临的安全威胁 2) 移动商务管理面临的安全威胁 3) 移动终端安全防范	(1) 方法：讲授法、演示法、实训法 (2) 重点与难点：移动终端安全防范	1
	5-2 数据备份与恢复技术	5-2-1 能使用数据备份软件进行数据备份与恢复	(1) 数据备份软件安装 (2) 数据备份 (3) 数据恢复	(1) 数据备份与恢复技术	1) 数据备份软件简介 2) 数据备份软件的安装 3) 数据备份软件的使用	(1) 方法：讲授法、演示法、实训法 (2) 重点与难点：数据备份软件的使用	1
	5-3 本地文件加密	5-3-1 能进行本地文件的加密与解密	(1) Word 文件加密与解密 (2) Excel 文件加密与解密 (3) 压缩文件加密与解密 (4) Windows 文件夹加密与解密	(1) 本地文件的加密与解密	1) Word 文件加密与解密 2) Excel 文件加密与解密 3) 压缩文件加密与解密 4) Windows 文件夹加密与解密	(1) 方法：讲授法、演示法、实训法 (2) 重点与难点：本地文件的加密	1
	5-4 数字证书	5-4-1 能申请及使用个人数字证书	(1) 个人数字证书的申请 (2) 个人数字证书的查看 (3) 个人数字证书的导入、导出	(1) 个人数字证书的申请与使用	1) 数字证书的概念 2) 数字证书的功能 3) 个人数字证书的申请与使用 ① 数字证书的申请 ② 数字证书的查看 ③ 数字证书的导入、导出	(1) 方法：讲授法、演示法、实训法 (2) 重点与难点：个人数字证书的使用	2

电子商务员（四级）职业技能培训要求与课程规范对照表

续表

2.1.2 电子商务员（四级）职业技能培训要求				2.2.2 电子商务员（四级）职业技能培训课程规范			
职业功能（模块）	培训内容（课程）	技能目标	培训细目	学习单元	课程内容	培训建议	课堂学时
5．电子商务安全管理	5-4 数字证书	5-4-2 能安装及使用服务器证书	（1）安装证书服务组件 （2）向证书服务器申请证书 （3）备份和还原证书 （4）吊销证书	（2）服务器证书的安装与使用	1）服务器证书服务组件的安装 2）向证书服务器申请证书 3）备份和还原证书 4）吊销证书	（1）方法：讲授法、演示法、实训法 （2）重点与难点：服务器证书的使用	2
6．客户服务	6-1 客户服务工作准备	6-1-1 能完成客户服务的准备工作	（1）客户服务岗位素质准备 （2）客户服务岗位心态准备 （3）客户服务岗位专业知识准备	（1）客户服务工作准备	1）客户服务岗位认知 2）客户服务职业规范 3）客户服务心态准备 4）客户服务岗位知识准备 ①电子商务平台规则 ②产品知识	（1）方法：讲授法、案例教学法 （2）重点与难点：客户服务售前知识、能力准备	2
	6-2 客户接待与沟通	6-2-1 能按照客户服务流程进行客户服务	（1）迎接问好 （2）产品推荐 （3）疑问解答 （4）促成订单	（1）客户接待与沟通	1）迎接问好 ①响应及时 ②积极热情 ③言语适当 2）产品推荐 ①了解需求 ②场景营销 ③费比（FAB）法则 ④关联销售 3）疑问解答 ①价格问题 ②质量问题 ③物流问题 ④售后问题 4）促成订单 ①促成交易的技巧 ②催付的原因与方式	（1）方法：讲授法、案例教学法、演示法 （2）重点与难点：客户接待与销售服务流程	2

续表

2.1.2 电子商务员（四级）职业技能培训要求				2.2.2 电子商务员（四级）职业技能培训课程规范			
职业功能（模块）	培训内容（课程）	技能目标	培训细目	学习单元	课程内容	培训建议	课堂学时
6.客户服务	6-2 客户接待与沟通	6-2-1 能按照客户服务流程进行客户服务	（5）订单确认 （6）礼貌告别	（1）客户接待与沟通	5）订单确认 ①地址确认 ②产品信息确认		
					6）礼貌告别 ①提醒签收注意事项 ②提醒售后解决方式 ③正面评价引导 ④感谢顾客、礼貌告别		
	6-3 售后服务管理	6-3-1 能进行售后服务管理	（1）查单、查件 （2）退、换货处理 （3）投诉处理 （4）评价统计 （5）应用短信、电话、邮件和即时通信工具进行客户关怀	（1）售后服务管理	1）售后服务的重要性 ①提升顾客满意度 ②提升复购率 ③提升好评率	（1）方法：讲授法、案例教学法、演示法 （2）重点：售后服务管理内容 （3）难点：客户投诉处理技巧	2
					2）售后服务管理内容 ①查单、查件 ②退、换货处理 ③产品售后服务 ④评价统计		
					3）投诉处理 ①投诉处理流程 ②投诉处理要点 ③投诉处理禁忌		
					4）客户关怀的重要性		
					5）关怀内容 ①售后关怀 ②情感关怀 ③节日关怀 ④促销推送		
					6）关怀形式 ①短信关怀 ②电话关怀 ③邮件关怀 ④即时通信工具关怀		

电子商务员（四级）职业技能培训要求与课程规范对照表

续表

2.1.2 电子商务员（四级）职业技能培训要求				2.2.2 电子商务员（四级）职业技能培训课程规范			
职业功能（模块）	培训内容（课程）	技能目标	培训细目	学习单元	课程内容	培训建议	课堂学时
7. 物流基本作业	7-1 仓储作业	7-1-1 能进行入库作业	(1) 入库准备 (2) 入库作业	(1) 入库作业	1) 入库准备 ①入库作业的流程 ②影响入库作业的因素 ③入库作业的原则 ④入库作业常见的问题 ⑤编写入库作业计划	(1) 方法：讲授法、演示法、实训法 (2) 重点与难点：入库作业	2
					2) 入库作业 ①入库验收 ②编写货号 ③入库登记 ④货位分配 ⑤入库上架		
		7-1-2 能进行出库作业	(1) 出库准备 (2) 出库作业	(2) 出库作业	1) 出库准备 ①出库作业的要求 ②出库作业常见问题	(1) 方法：讲授法、演示法、实训法 (2) 重点与难点：出库作业	2
					2) 出库作业 ①订单审核 ②出库信息处理 ③拣货 ④发货检查 ⑤装车 ⑥发货		
		7-1-3 能进行商品打包	(1) 商品包装	(3) 商品包装	1) 商品包装的功能 2) 常用的包装材料 3) 商品包装的要求 4) 常用的包装方法	(1) 方法：讲授法、演示法、实训法 (2) 重点与难点：商品包装的要求	1
		7-1-4 能对装卸搬运作业进行管理	(1) 装卸搬运作业	(4) 装卸搬运作业	1) 装卸搬运作业要求 2) 装卸搬运的原则 3) 装卸搬运作业的注意事项	(1) 方法：讲授法、演示法、实训法 (2) 重点：装卸搬运作业要求 (3) 难点：装卸搬运作业的注意事项	1

续表

2.1.2 电子商务员（四级）职业技能培训要求				2.2.2 电子商务员（四级）职业技能培训课程规范			
职业功能（模块）	培训内容（课程）	技能目标	培训细目	学习单元	课程内容	培训建议	课堂学时
7. 物流基本作业	7-2 快递物流作业	7-2-1 能进行快递物流作业	（1）网点作业 （2）分拨中心作业 （3）运输作业	（1）快递物流作业	1）网点作业 ①网点业务操作 ②网点加盟管理 2）分拨中心作业 ①分拨中心分拣作业 ②分拨中心扫描作业 ③分拨中心其他作业 3）运输作业 ①运输作业分类及对运输品的要求 ②公路运输的操作及异常情况处理 ③航空物流的操作及异常情况处理	（1）方法：讲授法、演示法、实训法 （2）重点与难点：分拨中心作业	4

附录3 助理电子商务师（三级）职业技能培训要求与课程规范对照表

2.1.3 助理电子商务师（三级）职业技能培训要求				2.2.3 助理电子商务师（三级）职业技能培训课程规范			
职业功能（模块）	培训内容（课程）	技能目标	培训细目	学习单元	课程内容	培训建议	建议学时
1. 美工设计	1-1 图像处理	1-1-1 能对图片进行校色、调色	（1）图片的校色、调色	（1）图像处理	1）色彩相关知识 2）图片校色、调色操作 3）根据商品属性进行校色与调色 4）抠图操作 5）图像合成操作 6）其他特效制作	（1）方法：讲授法、演示法、实训法 （2）重点：图片校色、调色操作 （3）难点：图像特效制作	4
		1-1-2 能进行图像合成及特效制作	（1）图像特效制作				
	1-2 网店装修	1-2-1 能根据商品特色选择模板进行配色	（1）网店模板选择	（1）网店装修	1）网店模板选择与配色	（1）方法：讲授法、演示法、实训法 （2）重点：网店素材上传 （3）难点：网店个性化设置	4

助理电子商务师（三级）职业技能培训要求与课程规范对照表

续表

2.1.3 助理电子商务师（三级）职业技能培训要求				2.2.3 助理电子商务师（三级）职业技能培训课程规范			
职业功能（模块）	培训内容（课程）	技能目标	培训细目	学习单元	课程内容	培训建议	建议学时
1. 美工设计	1-2 网店装修	1-2-2 能将素材上传到网店相应位置	（1）网店装修素材上传	（1）网店装修	2）网店素材上传及设置 ①网店店标上传 ②网店店招上传 ③网店轮播图上传 ④网店页头设置 ⑤页面设置		
		1-2-3 能对网店进行个性化设置	（1）网店个性化设置		3）网店个性化设置 ①网店商品分类设置 ②网店导航设置 ③网店布局设置		
	1-3 视觉营销	1-3-1 能利用视觉营销手段对网店进行优化	（1）视觉营销认知 （2）网店装修的视觉营销 （3）主图的视觉营销优化	（1）视觉营销概念	1）视觉营销的含义 2）视觉营销的原则 ①实用原则 ②目的原则 ③统一原则	（1）方法：讲授法、演示法 （2）重点与难点：视觉营销的原则	1
				（2）装修素材视觉营销	1）网店装修的视觉营销参考因素 ①以商品为核心 ②突出网店定位 ③关注用户体验 2）基于视觉营销的网店装修	（1）方法：讲授法、演示法、实训法 （2）重点与难点：网店装修的视觉营销参考因素	1
				（3）商品素材视觉营销	1）主图的视觉营销参考因素 2）基于视觉营销的主图构成 ①品牌信息 ②促销信息 ③价值信息 ④规模信息 3）详情页的视觉营销参考因素	（1）方法：讲授法、演示法、实训法 （2）重点与难点：基于视觉营销的主图构成、详情页的视觉营销包含要素	2

续表

2.1.3 助理电子商务师（三级）职业技能培训要求			2.2.3 助理电子商务师（三级）职业技能培训课程规范			
职业功能（模块）	培训内容（课程）	技能目标	培训细目	学习单元	课程内容	培训建议	建议学时
1. 美工设计	1-3 视觉营销	1-3-1 能利用视觉营销手段对网店进行优化	（4）详情页的视觉营销优化	（3）商品素材视觉营销	4）详情页的视觉营销包含要素 ①使用情景的价值塑造 ②售后信息的传递 ③促销信息的表达 ④增强客户购买信心		
2. 网页制作	2-1 制作静态网页	2-1-1 能使用 HTML 制作静态网页	（1）使用 HTML 制作静态网页 （2）新建站点和网页	（1）制作静态网页	1）静态网页与动态网页的区别 2）HTML 语言语法和常用标签 3）使用 HTML 制作静态网页 4）新建站点和网页	（1）方法：讲授法、实训法、演示法 （2）重点：HTML 语言语法和常用标签 （3）难点：使用 HTML 制作静态网页	2
2. 网页制作	2-2 网页图文混排	2-2-1 能输入并编辑文本	（1）网页文本及其格式设置	（1）网页图文混排	1）文本对象设置 ①录入文本对象 ②设置文本、段落格式 ③特殊字符的处理	（1）方法：讲授法、实训法、演示法 （2）重点与难点：图文混排	3
		2-2-2 能插入外部图片	（1）图片及其属性设置		2）图片对象设置 ①插入图片 ②设置图片属性		
		2-2-3 能制作简单的图文混排页面	（1）页面图文混排		3）设置页面属性 4）图文混排		
	2-3 网页布局	2-3-1 能使用表格进行页面布局	（1）表格布局	（1）网页布局设计	1）表格布局 ①创建表格 ②选取表格元素 ③设置表格属性 ④设置单元格属性 ⑤嵌套表格	（1）方法：讲授法、实训法、演示法 （2）重点：表格布局和框架布局 （3）难点：层布局	4

助理电子商务师(三级)职业技能培训要求与课程规范对照表

续表

2.1.3 助理电子商务师(三级)职业技能培训要求				2.2.3 助理电子商务师(三级)职业技能培训课程规范			
职业功能(模块)	培训内容(课程)	技能目标	培训细目	学习单元	课程内容	培训建议	建议学时
2. 网页制作	2-3 网页布局	2-3-2 能使用层进行页面布局	(2) 层布局	(1) 网页布局设计	2) 层布局 ①创建层 ②编辑层 ③设置层属性 ④创建嵌套层		
		2-3-3 能使用框架进行页面布局	(3) 框架布局		3) 框架布局 ①创建框架 ②框架的基本操作		
	2-4 创建超链接	2-4-1 能对文本设置超链接	(1) 设置文字超链接	(1) 网页超链接	1) 文字超链接 ①内部超链接 ②外部超链接	(1) 方法:讲授法、实训法、演示法 (2) 重点与难点:图片热区超链接、锚记超链接	2
		2-4-2 能对图片设置超链接	(1) 设置图片及热区超链接		2) 图片超链接 ①图片超链接 ②图片热区超链接		
		2-4-3 能设置除文本、图片外的其他超链接	(1) 设置电子邮件超链接 (2) 设置锚记超链接		3) 其他超链接 ①电子邮件超链接 ②锚记超链接		
	2-5 制作动态效果	2-5-1 能插入多媒体元素	(1) 插入音频、视频 (2) 设置音频、视频	(1) 网页动态效果	1) 音频 ①音频格式 ②插入背景音乐 ③背景音乐属性设置 2) 视频 ①视频格式 ②插入FLV视频 ③FLV视频属性设置	(1) 方法:讲授法、实训法、演示法 (2) 重点:插入音频、视频 (3) 难点:制作滚动公告	3
		2-5-2 能制作简单动态效果	(1) 利用行为面板制作动态效果 (2) 制作滚动公告		3) 利用行为面板制作动态效果 ①添加行为 ②制作网页特效 4) 制作滚动公告 ①添加标签 ②设置标签属性		

附录

续表

2.1.3 助理电子商务师（三级）职业技能培训要求				2.2.3 助理电子商务师（三级）职业技能培训课程规范			
职业功能（模块）	培训内容（课程）	技能目标	培训细目	学习单元	课程内容	培训建议	建议学时
3. 网络市场信息管理	3-1 网络市场调查方案设计	3-1-1 能根据调查目标设计调查方案	(1) 网络市场调查方案设计 (2) 网络市场调查方案撰写	(1) 制定网络市场调查方案	1) 网络市场调查简介 2) 网络市场调查的方法 3) 网络市场调查的流程 4) 网络市场调查方案结构 5) 网络市场调查方案撰写与设计	(1) 方法：讲授法、演示法、实训法 (2) 重点与难点：网络市场调查方案撰写与设计	3
	3-2 网络市场信息采集	3-2-1 能采集网络市场信息	(1) 网络市场信息直接采集 (2) 网络市场信息间接采集	(1) 网络市场信息直接采集	1) 网络市场调查问卷设计及在线调查 2) 专题讨论采集信息 ①利用电子公告牌（BBS）采集信息 ②利用邮件列表采集信息 3) 电话调查	(1) 方法：讲授法、演示法、实训法 (2) 重点：网络市场调查问卷设计 (3) 难点：专题讨论采集信息	4
				(2) 网络市场信息间接采集	1) 利用搜索引擎采集市场信息 ①主题分类检索 ②关键词检索 2) 利用专业产品网站采集市场信息 ①竞争对手信息采集 ②竞争产品信息采集	(1) 方法：讲授法、演示法、实训法 (2) 重点与难点：搜索引擎采集信息技巧	2
	3-3 网络市场信息处理	3-3-1 能分析网络市场调查数据	(1) 网络市场调查数据处理 (2) 网络市场调查数据分析	(1) 分析网络市场调查数据	1) 调查资料整理 ①数据排序 ②分组统计 ③分类汇总 ④数据统计图表制作 2) 调查数据分析 ①总量指标 ②相对指标 ③平均指标	(1) 方法：讲授法、演示法、实训法 (2) 重点与难点：调查数据分析处理	2

助理电子商务师（三级）职业技能培训要求与课程规范对照表

续表

2.1.3 助理电子商务师（三级）职业技能培训要求				2.2.3 助理电子商务师（三级）职业技能培训课程规范			
职业功能（模块）	培训内容（课程）	技能目标	培训细目	学习单元	课程内容	培训建议	建议学时
3．网络市场信息管理	3-3 网络市场信息处理	3-3-2 能撰写市场调查报告	(1) 网络市场调查报告撰写	(2) 撰写网络市场调查报告	1) 调查报告格式 2) 调查报告撰写要求 3) 撰写调查报告注意事项	(1) 方法：讲授法、演示法、实训法 (2) 重点与难点：撰写调查报告	2
4．网络营销	4-1 制订网络推广计划	4-1-1 能制订网络推广计划	(1) 网络推广计划制订 (2) 网络推广计划撰写	(1) 制订网络推广计划	1) 网络推广认知 2) 制订网络推广计划 ①制订网络推广的目标 ②确定网络推广渠道 ③选择网络推广方法 ④确定网络推广时间、预算、人员安排 3) 撰写网络推广计划	(1) 方法：讲授法、实训法 (2) 重点与难点：网络推广计划制订	2
	4-2 网络推广	4-2-1 能运用电子邮件广告进行网络推广	(1) 电子邮件广告设计 (2) 电子邮件广告发布	(1) 电子邮件广告推广	1) 电子邮件广告设计 ①设计电子邮件广告的原则 ②电子邮件广告格式 ③电子邮件广告内容选择 2) 电子邮件广告发布	(1) 方法：讲授法、实训法、演示法 (2) 重点与难点：电子邮件广告设计与发布	2
		4-2-2 能利用关键词在搜索引擎中进行网络推广	(1) 搜索引擎关键词优化 (2) 搜索引擎关键词竞价	(2) 搜索引擎关键词推广	1) 搜索引擎关键词优化 ①搜索引擎关键词设置 ②搜索引擎关键词选取 ③搜索引擎关键词优化技巧	(1) 方法：讲授法、演练法 (2) 重点：搜索引擎关键词优化 (3) 难点：搜索引擎关键词竞价	2

附录

续表

2.1.3 助理电子商务师（三级）职业技能培训要求				2.2.3 助理电子商务师（三级）职业技能培训课程规范			
职业功能（模块）	培训内容（课程）	技能目标	培训细目	学习单元	课程内容	培训建议	建议学时
4. 网络营销	4-2 网络推广	4-2-2 能利用关键词在搜索引擎中进行网络推广	（1）搜索引擎关键词优化 （2）搜索引擎关键词竞价	（2）搜索引擎关键词推广	2）搜索引擎关键词竞价 ①搜索引擎竞价排名规则 ②搜索引擎竞价平台选择 ③搜索引擎关键词竞价价格查询 ④搜索引擎关键词竞价推广技巧		
		4-2-3 能利用软文进行网络推广	（1）软文写作 （2）软文发布	（3）软文推广	1）软文介绍 2）软文写作 ①收集资料 ②寻找卖点与话题 ③构思创意 ④开发与选题设计 ⑤编写软文内容 ⑥网络营销软文写作技巧 3）软文发布 ①利用论坛发布软文 ②利用微博发布软文 ③利用问答平台发布软文 ④利用即时通信工具发布软文	（1）方法：讲授法、实训法、演示法 （2）重点与难点：软文写作与发布	2
		4-2-4 能运用网络广告进行网络推广	（1）网络广告类型选择 （2）网络广告付费形式选择 （3）网络广告创意设计与投放	（4）网络广告推广	1）网络广告类型及其选择 ①按投放目的分 ②按投放形式分 2）网络广告付费形式及其选择 ①按千人展示计费广告 ②按行动计费广告 ③按销售计费广告 3）网络广告投放技巧	（1）方法：讲授法、案例教学法、演练法 （2）重点与难点：网络广告付费形式的选择	1

助理电子商务师（三级）职业技能培训要求与课程规范对照表

续表

2.1.3 助理电子商务师（三级）职业技能培训要求				2.2.3 助理电子商务师（三级）职业技能培训课程规范			
职业功能（模块）	培训内容（课程）	技能目标	培训细目	学习单元	课程内容	培训建议	建议学时
5．网店优化管理	5-1 分析数据	5-1-1 能使用常用数据分析工具	（1）常用数据分析工具的使用	（1）运营数据分析	1）常用数据分析工具 ①百度指数 ②阿里指数 ③站长工具 ④生意参谋	（1）方法：讲授法、实训法、演示法 （2）重点：常用数据 （3）难点：商品信息数据分析	3
		5-1-2 能识别常用数据	（1）常用分析数据的识别		2）常用数据 ①浏览量/展现量（PV） ②点击率 ③访客数（UV） ④跳失率 ⑤客单价		
		5-1-3 能对商品信息进行数据分析	（1）商品信息数据分析		3）商品信息数据分析 ①标题分析的数据指标应用 ②主图分析的数据指标应用 ③详情页分析的数据指标应用 ④价格分析的数据指标应用		
	5-2 优化商品信息	5-2-1 能优化标题	（1）标题优化	（1）商品信息优化	1）标题优化的方法 ①查询顾客搜索精准匹配度 ②查找顾客经常搜索的通用词语 ③使用数据分析工具查找顾客搜索量最大的词语	（1）方法：讲授法、实训法、演示法 （2）重点：标题优化的方法 （3）难点：价格优化的方法	2
		5-2-2 能优化价格	（1）价格优化		2）价格优化的方法 ①黄金分割法 ②促销定价		

续表

2.1.3 助理电子商务师（三级）职业技能培训要求				2.2.3 助理电子商务师（三级）职业技能培训课程规范			
职业功能（模块）	培训内容（课程）	技能目标	培训细目	学习单元	课程内容	培训建议	建议学时
5. 网店优化管理	5-3 优化交易评价	5-3-1 能分析单品评价	（1）单品评价分析	（1）评价优化	1）单品评价 ①单品评价维度 ②单品评价的作用与意义 ③恶意评价的处理流程 2）动态评价 ①动态评价维度 ②动态评价的作用与意义 3）提升评价的方法	（1）方法：讲授法、实训法、演示法 （2）重点：单品评价和动态评价的维度 （3）难点：提升评价的方法	2
		5-3-2 能分析动态评价	（1）动态评价分析				
		5-3-3 能优化评价	（1）评价优化				
6. 客户服务管理	6-1 客户信息管理	6-1-1 能收集与管理客户信息	（1）客户数据收集 （2）客户信息分析 （3）客户分类 （4）客户关怀与营销	（1）客户信息收集与分析	1）客户信息收集 ①建立客户资料库 ②建立客户信息档案 2）客户信息分析 ①客户购物路径 ②客户区域 ③客户购买习惯 ④客户贡献率	（1）方法：讲授法、案例教学法、讨论法 （2）重点：客户信息收集 （3）难点：客户信息分析	1
				（2）客户信息管理	1）客户分类 ①客户分类方法 ②客户标签设置 2）客户关怀与营销 ①客户关怀策略 ②客户保持策略 ③防止客户流失策略 ④客户联盟策略	（1）方法：讲授法、案例教学法 （2）重点：客户分类 （3）难点：客户关怀与营销	2
	6-2 客户满意度管理	6-2-1 能进行客户满意度管理	（1）客户满意度的衡量 （2）提升客户满意度	（1）客户满意度	1）客户满意度的概念 2）客户满意度的影响因素 ①网店建设因素 ②商品质量因素 ③商品描述因素 ④网络安全因素 ⑤物流配送因素 ⑥售后服务因素	（1）方法：讲授法、案例教学法、讨论法 （2）重点：客户满意度的衡量指标 （3）难点：提升客户满意度的措施	2

助理电子商务师（三级）职业技能培训要求与课程规范对照表

续表

2.1.3 助理电子商务师（三级）职业技能培训要求				2.2.3 助理电子商务师（三级）职业技能培训课程规范			
职业功能（模块）	培训内容（课程）	技能目标	培训细目	学习单元	课程内容	培训建议	建议学时
6.客户服务管理	6-2 客户满意度管理	6-2-1 能进行客户满意度管理	（1）客户满意度的衡量 （2）提升客户满意度	（1）客户满意度	3）客户满意度的衡量指标 ①用户黏性 ②客单价 ③客户评价 ④复购率 ⑤口碑传播		
					4）提升客户满意度的措施 ①树立"以客户为中心"的服务观念 ②关注客户购物体验 ③提高客户服务质量 ④建立完善的客户满意度评价体系		
	6-3 客户忠诚度管理	6-3-1 能进行客户忠诚度管理	（1）客户忠诚度的评价 （2）提升客户忠诚度	（1）客户忠诚度	1）客户忠诚度的概念	（1）方法：讲授法、案例教学法、讨论法 （2）重点：客户忠诚度的驱动因素 （3）难点：客户忠诚度的评价	1
					2）客户忠诚度的驱动因素 ①客户满意度 ②客户价值 ③客户信任 ④购买成本 ⑤转移成本 ⑥客户关怀		
					3）客户忠诚度的评价 ①对价格的敏感程度 ②对竞争产品的态度 ③对商品质量的承受能力 ④对产品的认同度		

续表

附录

续表

2.1.3 助理电子商务师（三级）职业技能培训要求				2.2.3 助理电子商务师（三级）职业技能培训课程规范			
职业功能（模块）	培训内容（课程）	技能目标	培训细目	学习单元	课程内容	培训建议	建议学时
7. 物流管理	7-1 电子商务物流作业管理	7-1-1 能进行电子商务物流作业管理	(1) 仓储管理 (2) 配送管理 (3) 物流信息管理	(1) 电子商务物流作业管理	1) 仓储管理 ①仓储合理化 ②包装合理化 ③装卸搬运合理化 2) 配送管理 ①电子商务中物流配送的基本特征 ②对电子商务配送产生影响的因素 ③电子商务物流配送的合理化 3) 物流信息管理 ①物流信息管理的技术手段 ②电子商务物流订单处理	(1) 方法：讲授法、案例教学法、实训法 (2) 重点：仓储管理 (3) 难点：配送管理	1
	7-2 电子商务物流服务管理	7-2-1 能进行电子商务物流服务管理	(1) 电子商务物流服务认知 (2) 电子商务物流服务管理	(1) 电子商务物流服务管理	1) 电子商务物流服务内容 ①物流基本服务 ②物流增值服务 2) 电子商务物流服务管理 ①物流服务的特性 ②物流服务方式的选择 ③物流服务质量评价指标	(1) 方法：讲授法、案例教学法、实训法 (2) 重点：电子商务物流服务内容 (3) 难点：电子商务物流服务管理	1
	7-3 电子商务物流成本管理	7-3-1 能进行电子商务物流成本管理	(1) 电子商务物流成本核算 (2) 电子商务物流成本管理	(1) 电子商务物流成本管理	1) 电子商务物流成本核算 ①物流成本的构成 ②物流成本核算的内容 ③物流成本核算的程序 2) 电子商务物流成本管理 ①物流成本管理的原则 ②物流成本管理的方法	(1) 方法：讲授法、案例教学法、实训法 (2) 重点：电子商务物流成本核算 (3) 难点：电子商务物流成本管理	1

电子商务师（二级）职业技能培训要求与课程规范对照表

续表

2.1.3 助理电子商务师（三级）职业技能培训要求				2.2.4 助理电子商务师（三级）职业技能培训课程规范			
职业功能（模块）	培训内容（课程）	技能目标	培训细目	学习单元	课程内容	培训建议	建议学时
8. 电子商务安全管理	8-1 电子商务安全制度保障	8-1-1 能应用电子商务安全管理制度进行安全管理	(1) 制订电子商务系统管理制度 (2) 制订病毒防范制度	(1) 电子商务安全管理制度	1) 电子商务系统管理制度 2) 病毒防范制度 3) 其他管理制度	(1) 方法：讲授法、演示法、讨论法 (2) 重点与难点：电子商务系统管理	1
	8-2 电子商务交易安全	8-2-1 能防范电子商务交易中的安全威胁	(1) 电子商务交易中安全威胁防范	(1) 电子商务交易中的安全威胁及防范	1) 电子交易常见安全威胁 2) 交易双方的安全防范措施	(1) 方法：讲授法、演示法、案例教学法 (2) 重点与难点：交易双方的安全防范措施	1

附录4　电子商务师（二级）职业技能培训要求与课程规范对照表

2.1.4 电子商务师（二级）职业技能培训要求				2.2.4 电子商务师（二级）职业技能培训课程规范			
职业功能（模块）	培训内容（课程）	技能目标	培训细目	学习单元	课程内容	培训建议	建议学时
1. 电子商务网站规划	1-1 商务网站的认知	1-1-1 能识别商务网站类型	(1) 商务网站类型识别	(1) 商务网站的分类与网页组成	1) 商务网站的概念 2) 商务网站的分类 3) 商务网站的功能 4) 商务网站网页的常见元素 5) 商务网站的逻辑结构	(1) 方法：讲授法、演示法、案例教学法 (2) 重点：商务网站的分类与功能、商务网页常见元素 (3) 难点：商务网站的逻辑结构	1
		1-1-2 能分析商务网站内容	(1) 分析商务网站内容				

附录

续表

2.1.4 电子商务师（二级）职业技能培训要求				2.2.4 电子商务师（二级）职业技能培训课程规范			
职业功能（模块）	培训内容（课程）	技能目标	培训细目	学习单元	课程内容	培训建议	建议学时
1. 电子商务网站规划	1-1 商务网站的认知	1-1-3 能进行商务网站的初步规划	（1）商务网站初步规划	（2）商务网站规划原则	1）目的性和用户需求相统一原则 2）总体设计方案主体鲜明原则 3）企业专业特性介绍原则 4）网站版式设计原则 5）网页形式与内容相统一原则 6）实用性功能服务应切合实际需要原则	（1）方法：讲授法、演示法、案例教学法 （2）重点与难点：目的性和用户需求相统一原则、网页形式与内容相统一原则、实用性功能服务应切合实际需要原则	1
	1-2 市场调研与用户需求分析	1-2-1 能对目标客户进行调研并分析	（1）客户行为分析 （2）重点客户发现	（1）市场调研与用户需求分析	1）目标客户的调研分析 ①客户行为分析 ②重点客户发现	（1）方法：讲授法、演示法、实训法 （2）重点：目标客户的调研分析、竞争性市场分析、用户需求分析 （3）难点：目标客户的调研分析、用户需求分析	1
		1-2-2 能对竞争对手进行调查并分析	（1）确认竞争对手 （2）研究竞争对手		2）竞争对手的调查分析 ①确认竞争对手 ②研究竞争对手		
		1-2-3 能对竞争市场进行分析	（1）竞争性市场分析		3）竞争性市场分析 ①同类商品的市场大小 ②特定的市场特征 ③竞争的分析 ④品质的分析 ⑤新产品市场开拓		
		1-2-4 能撰写商务网站用户需求分析报告	（1）用户需求调研与分析 （2）用户需求分析报告撰写		4）用户需求分析 ①用户需求调研 ②用户需求分析报告撰写		

电子商务师（二级）职业技能培训要求与课程规范对照表

续表

2.1.4 电子商务师（二级）职业技能培训要求				2.2.4 电子商务师（二级）职业技能培训课程规范			
职业功能（模块）	培训内容（课程）	技能目标	培训细目	学习单元	课程内容	培训建议	建议学时
1．电子商务网站规划	1-3 商务网站定位与估算	1-3-1 能确定商务网站的定位并估算容量	（1）网站主题的确定 （2）确定商务网站的目标 （3）对商务网站的容量进行估算	（1）商务网站定位与估算	1）网站主题定位 ①题材的选择 ②内容的选择与处理 2）网站功能定位 ①网站功能的分类 ②网站功能的定位 3）网站容量估算 ①网站的数据量估算 ②网站的访问量估算	（1）方法：讲授法、演示法、案例教学法 （2）重点：网站主题定位、网站功能定位 （3）难点：网站容量估算	1
	1-4 可行性分析	1-4-1 能对商务网站建设的人员和流程进度进行规划	（1）电子商务网站人员规划 （2）电子商务网站建设进度预估	（1）组织可行性分析	1）电子商务网站人员规划 2）电子商务网站建设进度预估 ①调查分析阶段 ②确定网站模型阶段 ③内容组织阶段 ④网站总体设计阶段 ⑤具体制作阶段 ⑥系统全面调试阶段 ⑦上网试运行阶段 ⑧网站维护培训阶段	（1）方法：讲授法、演示法、案例教学法 （2）重点：电子商务网站人员规划、电子商务网站费用预算 （3）难点：电子商务网站建设进度预估	2

125

续表

2.1.4 电子商务师（二级）职业技能培训要求				2.2.4 电子商务师（二级）职业技能培训课程规范			
职业功能（模块）	培训内容（课程）	技能目标	培训细目	学习单元	课程内容	培训建议	建议学时
1. 电子商务网站规划	1-4 可行性分析	1-4-2 能对商务网站建设的成本和收益进行预算	(1) 电子商务网站成本分析 (2) 电子商务网站收益分析	(2) 经济可行性分析	1）电子商务网站成本预算 ①网站建设开发成本 ②网站运行管理成本 2）电子商务网站收益分析 ①直接收益 ②间接收益 ③品牌收益	(1) 方法：讲授法、演示法、案例教学法 (2) 重点：电子商务网站成本预算 (3) 难点：电子商务网站收益分析	1
	1-5 网站实现方式	1-5-1 能进行域名注册	(1) 域名的选择 (2) 域名的注册	(1) 商务网站域名注册	1）域名及其选择 ①域名、IP地址概念 ②域名的管理机构 ③域名命名规则 ④选择域名时应注意的事项 2）域名注册 ①国内域名注册 ②国际域名注册	(1) 方法：讲授法、演示法、案例教学法 (2) 重点：IP地址、域名的概念 (3) 难点：域名注册	2
		1-5-2 能根据实际情况合理选择网站实现方式	(1) 开发方式的选择 (2) 商务网站空间与环境的选择 (3) 网站部署与发布	(2) 网站的实现	1）建设商务网站的方式 ①自主建设开发 ②建设开发外包 2）商务网站空间与环境的选择 ①主机托管 ②虚拟主机的选择 ③云平台的选择 3）网站部署与发布	(1) 方法：讲授法、演示法、案例教学法 (2) 重点：主机托管、建设开发外包 (3) 难点：商务网站空间与环境的选择	1
2. 商务网站管理与维护	2-1 商务网站维护与更新	2-1-1 能进行网站标准化维护	(1) 商务网站维护与更新的服务模式	(1) 商务网站维护与更新概述	1）商务网站维护与更新的意义 ①维持网站的日常运营和功能完善 ②修复网站存在的功能缺陷与安全漏洞 ③提升、改进网站的功能与性能	(1) 方法：讲授法、讨论法 (2) 重点：商务网站维护与更新的意义 (3) 难点：商务网站维护的服务模式	1

电子商务师（二级）职业技能培训要求与课程规范对照表

续表

2.1.4 电子商务师（二级）职业技能培训要求				2.2.4 电子商务师（二级）职业技能培训课程规范			
职业功能（模块）	培训内容（课程）	技能目标	培训细目	学习单元	课程内容	培训建议	建议学时
2．商务网站管理与维护	2-1 商务网站维护与更新	2-1-1 能进行网站标准化维护	(2) 商务网站域名解析、绑定 (3) 商务网站服务器及空间维护	(1) 商务网站维护与更新概述	2）商务网站维护与更新的必要性 ①有效保持用户的关注度 ②优化用户体验 ③推进新型网络形态和消费业态新观念 ④促进网站技术升级转型 ⑤拓展市场的战略经营能力、运营管理能力和资源整合能力 3）商务网站维护的服务模式 ①标准化网站维护服务 ②基础性网站维护服务 ③定制型网站维护服务		
				(2) 商务网站域名、服务器、空间维护	1）商务网站域名解析、绑定维护 ①网站域名解析、绑定维护的必要性 ②网站域名解析、绑定维护方法 2）商务网站服务器、空间维护 ①网站服务器、空间维护的必要性 ②网站服务器维护方法 ③网站空间维护方法	(1) 方法：讲授法、讨论法、演示法 (2) 重点与难点：商务网站服务器维护	1

续表

2.1.4 电子商务师（二级）职业技能培训要求				2.2.4 电子商务师（二级）职业技能培训课程规范			
职业功能（模块）	培训内容（课程）	技能目标	培训细目	学习单元	课程内容	培训建议	建议学时
2．商务网站管理与维护	2-1 商务网站维护与更新	2-1-1 能进行网站标准化维护	（4）商务网站页面维护 （5）商务网站后台数据和程序维护 （6）商务网站后期技术支持	（3）商务网站维护与更新的内容和方法	1）商务网站页面维护 ①商务网站页面维护必要性 ②商务网站页面维护的内容 ③商务网站页面维护方法 2）商务网站后台数据维护 ①对客户的信息进行维护 ②对产品信息进行维护 ③对互动论坛进行维护 ④对客户意见进行维护 3）商务网站后台程序维护 ①后台程序维护及修复 ②后台数据备份 ③客户需求维护 4）商务网站后期技术支持	（1）方法：讲授法、讨论法、演示法 （2）重点与难点：商务网站后台程序和数据维护	1
	2-2 商务网站安全维护	2-2-1 能识别商务网站的缺陷	（1）识别商务网站技术结构的缺陷 （2）识别商务网站产业结构的缺陷 （3）识别商务网站管理结构的缺陷	（1）商务网站安全维护概述	1）商务网站安全维护的必要性 ①技术结构的缺陷 ②产业结构的缺陷 ③管理结构的缺陷 2）商务网站安全维护的目的 ①维护网站良好形象 ②保证网站业务系统正常运行 ③保护商务信息的秘密内容	（1）方法：讲授法、演示法、案例教学法 （2）重点：商务网站安全维护的必要性及面临的威胁 （3）难点：维护商务网站安全的对策	1

电子商务师（二级）职业技能培训要求与课程规范对照表

续表

2.1.4 电子商务师（二级）职业技能培训要求				2.2.4 电子商务师（二级）职业技能培训课程规范			
职业功能（模块）	培训内容（课程）	技能目标	培训细目	学习单元	课程内容	培训建议	建议学时
2. 商务网站管理与维护	2-2 商务网站安全维护	2-2-2 能识别商务网站所面临的安全性威胁	（1）识别商务网站安全威胁的来源 （2）识别商务网站安全威胁的方式	（1）商务网站安全维护概述	3）商务网站面临的安全性威胁 ①威胁的定义与识别 ②威胁的来源和方式		
		2-2-3 能应对商务网站的安全性威胁	（1）制订信息安全的策略 （2）应对恶意攻击威胁 （3）应对数据泄密的威胁 （4）应对信息篡改的威胁		4）信息安全的策略 ①商务网站安全的目标 ②信息安全的标准 5）维护商务网站安全的对策 ①对恶意攻击的威胁防范 ②对数据泄密的威胁防范 ③对信息篡改的威胁防范		
		2-2-4 能使用保障商务网站安全的技术	（1）能使用数据加密技术 （2）能使用防火墙技术 （3）能使用数字签名与认证技术	（2）商务网站的安全技术	1）数据加密技术 ①数据加密的概念 ②数据加密的模型 ③现代加密算法的分类与标准 2）防火墙技术 ①防火墙概念 ②防火墙功能 ③防火墙主要结构 3）数字签名与认证技术 ①数字签名的概念和要求 ②数字签名的分类 ③常见数字签名的算法 ④数字证书的基本数据结构	（1）方法：讲授法、演示法、案例教学法 （2）重点：数字签名与认证技术 （3）难点：数据加密技术与防火墙技术	1

续表

续表

2.1.4 电子商务师（二级）职业技能培训要求				2.2.4 电子商务师（二级）职业技能培训课程规范			
职业功能（模块）	培训内容（课程）	技能目标	培训细目	学习单元	课程内容	培训建议	建议学时
3. 电子商务运营	3-1 网络采购	3-1-1 能制订网络采购业务流程	(1) 网络采购业务认知 (2) 制订网络采购业务流程	(1) 网络采购业务认知	1) 网络采购的含义 2) 网络采购的主要类型 3) 网络采购的优势 4) 网络采购流程	(1) 方法：讲授法、演示法、实训法 (2) 重点与难点：网络采购流程	2
		3-1-2 能实施网络采购	(1) 电子合同审定 (2) 供应商选择与管理	(2) 网络采购管理	1) 电子合同审定 ①审核交易双方信息 ②审核采购货品 ③审核交易信息 ④审核验收方法和支付方法 ⑤审核交易违约责任 2) 供应商选择与管理	(1) 方法：讲授法、案例教学法 (2) 重点：电子合同审定 (3) 难点：供应商选择与管理	3
	3-2 网络营销	3-2-1 能制订网络营销战略	(1) 网络市场细分 (2) 网络目标市场选择 (3) 网络市场定位	(1) 网络营销STP战略	1) 网络市场细分 ①网络市场细分的步骤 ②网络市场细分的标准选择 ③网络市场细分方法 2) 网络目标市场选择 ①网络目标市场 ②网络目标市场策略 3) 网络市场定位 ①网络市场定位方法 ②网络市场定位策略	(1) 方法：讲授法、案例教学法 (2) 重点与难点：网络市场细分、网络目标市场选择和网络市场定位	3

电子商务师（二级）职业技能培训要求与课程规范对照表

续表

2.1.4 电子商务师（二级）职业技能培训要求				2.2.4 电子商务师（二级）职业技能培训课程规范			
职业功能（模块）	培训内容（课程）	技能目标	培训细目	学习单元	课程内容	培训建议	建议学时
3. 电子商务运营	3-2 网络营销	3-2-2 能制订网络营销策略	(1) 4C理论分析 (2) 制订4C营销策略	(2) 网络营销策略制订	1) 4C理论演变 ①消费者：从"产品"转变到"顾客" ②成本：从"价格"转变到"成本" ③便利：从"渠道"转变到"方便" ④沟通：从"促销"转变到"沟通" 2) 4C营销策略 ①满足消费者需求与欲望策略 ②满足成本策略 ③方便购买策略 ④沟通策略	(1) 方法：讲授法、案例教学法 (2) 重点与难点：4C营销策略	2
		3-2-3 能对网络营销进行评估	(1) 选择网络营销评估方法 (2) 撰写网络营销评估报告	(3) 网络营销评估	1) 网络营销评估指标 ①网络营销评估的经济指标 ②网络营销评估的市场业绩指标 ③网络营销评估的技术指标 ④网络营销综合效果评估指标 2) 网络营销评估方法 ①电子邮件营销效果评估方法 ②网站流量效果评估方法 ③网络广告营销效果评估方法 ④网络营销综合效果评估方法 3) 网络营销评估报告撰写 ①撰写网络营销评估报告步骤 ②网络营销评估报告撰写格式 ③网络营销评估报告撰写应注意的问题	(1) 方法：讲授法、案例教学法 (2) 重点：网络营销评估指标和网络营销评估方法 (3) 难点：网络营销评估报告撰写	4

附录

续表

2.1.4 电子商务师（二级）职业技能培训要求				2.2.4 电子商务师（二级）职业技能培训课程规范			
职业功能（模块）	培训内容（课程）	技能目标	培训细目	学习单元	课程内容	培训建议	建议学时
3. 电子商务运营	3-3 客户服务	3-3-1 能进行客户服务考核	(1) 制定客户服务标准 (2) 客户服务考核评估	(1) 客户服务考核	1) 制定客户服务标准 ①制定客户服务标准的目的 ②客户服务标准的内容 ③制定客户服务标准的步骤	(1) 方法：讲授法、案例教学法、讨论法 (2) 重点：客户服务标准的内容 (3) 难点：客户服务的考核	1
					2) 客户服务考核评估 ①客户服务标准实施 ②客户服务的考核 ③客户服务的评估		
	3-4 物流信息处理	3-4-1 能利用物流信息优化配送方案	(1) 电子商务物流配送方案分析 (2) 利用物流信息优化配送方案	(1) 电子商务物流信息应用	1) 电子商务物流配送方案分析 ①电子商务物流信息分析 ②电子商务物流配送方案分析	(1) 方法：讲授法、案例教学法 (2) 重点与难点：利用电子商务物流信息进行配送方案优化	1
					2) 利用电子商务物流信息进行配送方案优化 ①拟订配送计划流程 ②选择配送方法 ③分析配送成本 ④制定配送作业流程		
4. 电子商务财务管理	4-1 电子商务企业启动资金测算	4-1-1 能进行电子商务企业启动资金预测	(1) 电子商务企业启动资金预测	(1) 启动资金测算	1) 启动资金类型 ①开办费用 ②固定资产 ③流动资金	(1) 方法：讲授法、案例教学法 (2) 重点与难点：编写投资计划表	2
		4-1-2 能编写电子商务企业投资计划表	(1) 编写电子商务企业投资计划表		2) 编写投资计划表		

电子商务师（二级）职业技能培训要求与课程规范对照表

续表

2.1.4 电子商务师（二级）职业技能培训要求				2.2.4 电子商务师（二级）职业技能培训课程规范			
职业功能（模块）	培训内容（课程）	技能目标	培训细目	学习单元	课程内容	培训建议	建议学时
4. 电子商务财务管理	4-2 电子商务企业资金筹集	4-2-1 能根据自身需求确定筹资渠道	(1) 电子商务企业筹资渠道选择 (2) 电子商务企业投资回报计算	(1) 资金筹集	1) 电子商务企业资金筹集的渠道 ①借贷 ②股份转让 ③互联网金融 ④其他渠道 2) 电子商务企业资金筹集渠道选择 3) 电子商务企业投资回报计算	(1) 方法：讲授法、案例教学法 (2) 重点与难点：电子商务企业投资回报计算	1
	4-3 电子商务企业利润预测	4-3-1 能预测电子商务企业利润	(1) 电子商务企业利润预测	(1) 利润预测	1) 企业利润要素 ①总收入 ②总成本 2) 电子商务企业利润计算 3) 预测电子商务企业利润步骤 4) 编写电子商务企业利润预测表	(1) 方法：讲授法、案例教学法 (2) 重点与难点：编写电子商务企业利润预测表	2
		4-3-2 能编写电子商务企业利润预测表	(1) 编写电子商务企业利润预测表				